DU MÊME AUTEUR, AUX ÉDITIONS LEDUC.S

Avec Anne Dufour :
Pâtes minceur, 2009.
Programme minceur IS en 15 jours, 2009.
Bonnes calories, mauvaises calories, 2009.
IS antikilos, 2008.
Verrines simplissimes à l'agar-agar, 2008.
Konjac coupe-faim, 2008.
Programme minceur agar-agar en 15 jours, 2008.
Agar-agar, la nouvelle arme antikilos, 2007.
Le régime express IG brûle-graisses, 2007.
Le régime express IG minceur, 2007.
Le régime IG, 2006.

Illustrations : Fotolia
Mise en pages : Facompo

33, rue Linné
75005 Paris – France
info@editionsleduc.com
www.leduc-s.com
ISBN : 978-2-84899-376-8

CAROLE GARNIER

MES PETITES RECETTES MAGIQUES SANS GLUTEN ET SANS LACTOSE

LEDUC.S
EDITIONS

Sommaire

Préface de Brigitte Jolivet*

Quel plaisir de déguster une baguette croustillante, un croissant au beurre, emblème du petit déjeuner français, une assiette de pâtes, alimentation de base de l'étudiant, ou encore de pouvoir partager une galette des rois entre amis ! Hélas, certains d'entre nous doivent proscrire tous ces produits réalisés à partir de blé, de seigle ou d'orge, à cause d'un de leurs composés : le gluten. L'intolérance au gluten, appelée aussi maladie cœliaque, toucherait en effet une personne sur cent. Seul traitement : un régime d'exclusion strict et à vie. Simple à dire, mais une autre « paire de manches » à suivre !

Présidente depuis dix ans de l'Afdiag, Association française des intolérants au gluten, je suis régulièrement confrontée aux difficultés rencontrées par les malades cœliaques. Je me souviens d'une jeune fille qui, diagnostiquée à 15 ans, avait beaucoup de difficultés à suivre son régime. Imaginez, ses parents étaient boulangers-pâtissiers et elle habitait au-dessus de la boulangerie. Comment résister à la vue de tous ces gâteaux ? Sans compter les odeurs qui remontaient des fourneaux et se répandaient dans l'appartement... Que dire aussi de la réflexion de cette nourrice à qui on avait pourtant expliqué à de nombreuses reprises ce qui était interdit

---

* *Présidente de l'Afdiag (Association française des intolérants au gluten) : www.afdiag.org*

ou autorisé : « Il a mangé du pain mais je vous rassure, je ne lui ai donné que la croûte, j'ai enlevé la mie, pas de problème il n'a pas été malade. » On peut encore sourire avec les mots de cet enfant devant son assiette de légumes : « Dis maman, t'es vraiment sûre qu'il n'y a pas de gluten dans les poireaux ? » Ou de ce charcutier : « Du gluten dans mes saucisses ? Ça va pas, y'a que des bonnes choses dans mes saucisses ! Et puis d'abord, c'est quoi ce gluten ? »

Chaque jour, à chaque repas, que ce soit à la maison, au bureau, au restaurant, en vacances et même les jours de fête, il est indispensable pour les intolérants de maîtriser le contenu de leur assiette afin de ne pas faire d'erreur. Donc un seul conseil : se mettre aux fourneaux. C'est en forgeant que l'on devient forgeron et c'est en cuisinant que l'on découvre le plaisir de créer des mets différents et d'étonner son entourage !

En plus de proposer des recettes originales et de nombreux conseils indispensables pour bien utiliser des farines moins connues, ce livre représente aussi une façon de faire connaître la maladie au grand public à travers le prisme de la cuisine, de favoriser le bon suivi du régime sans gluten chez les cœliaques, et, pourquoi pas, de contribuer à éveiller les consciences des industriels et des professionnels de la santé, ce qui est le combat quotidien de notre association.

Depuis vingt ans, date de création de l'Afdiag, nous militons chaque jour en effet pour que cette maladie soit connue et reconnue par tous, les pouvoirs publics bien sûr, mais aussi le corps médical afin d'améliorer le diagnostic. En collaboration avec un comité scientifique composé de spécialistes, nous organisons des colloques médicaux, des rencontres, des stages de formation et d'information. Plus nous serons nombreux, plus notre voix portera et plus nous serons écoutés. Nous avons besoin du soutien de toutes les personnes concernées par cette intolérance (et même des autres !) afin de nous aider à mobiliser le public pour une meilleure insertion sociale, et pouvoir trouver facilement dans les restaurants, cantines, restaurants d'entreprises ou d'universités, des repas sans gluten comme c'est déjà le cas dans d'autres pays.

Que vous soyez cœliaques ou que vous ayez simplement envie de supprimer le gluten de votre alimentation, vous trouverez dans l'ouvrage de Carole Garnier des idées pour changer des traditionnelles recettes de gâteaux, de biscuits ou de plats cuisinés, ainsi que des bases utiles pour suivre un régime sans gluten (et aussi sans lactose, ce qui est quelquefois nécessaire en début de régime). Toutes aussi alléchantes les unes que les autres, ces recettes vous feront voyager dans un monde de saveurs, à découvrir absolument.

Bonne lecture et bien sûr bon appétit, sans gluten mais avec délice, curiosité et découvertes culinaires.

Introduction

> *Il y a trois choses importantes dans la vie : la première est de manger ; les deux autres, je ne les ai pas encore trouvées.*
>
> MONTESQUIEU

Découvrir une intolérance alimentaire, celle de son enfant, ou encore de son conjoint, c'est devoir repenser intégralement son alimentation. Surveiller en permanence ce que l'on mange, anticiper les repas, se censurer en faisant les courses, réfléchir aux plats choisis au restaurant, prévenir quand on est invité, adapter les recettes « traditionnelles »... Mais surtout, devoir renoncer à certains plaisirs qui sont partie intégrante du quotidien.

Quand on est intolérant au gluten, il est évidemment possible de se nourrir « sans », simplement : crudités à l'huile et au vinaigre, potages, poissons vapeur ou pochés, viandes grillées, riz, pommes de terre, légumes verts, fruits, compotes... Oui, mais ? Quand on craque pour quelques biscuits avec une tasse de thé fumant, en rentrant d'une longue promenade ? Quand le rituel de la quiche salée-salade verte est installé depuis des années le dimanche soir, juste avant d'enclencher un DVD ? Quand on ne renoncerait pour rien au monde aux soirées crêpes entre amis, où chacun apporte un pot de confiture maison et que tout le monde disserte jusqu'à point d'heure ? Car la vie est faite de tous ces instants gourmands.

Ces pages sont nées de rencontres avec des intolérants. En échangeant autour de leur quotidien, il apparaît que leurs principaux désirs sont finalement très simples : une envie de convivialité, de partage et de manger « avec et comme les autres ». Nourri de leurs difficultés, de leurs interrogations, mais aussi de leurs « trucs et astuces », ce livre tente de coller au plus près de leurs besoins… et de leurs envies ! Car au fait, de quoi rêvent-ils ? La plupart des intolérants citent évidemment en priorité le pain. Mais certains formulent des souhaits nettement plus inattendus : les toasts de foie gras au pain d'épices, les croquettes de poisson pané, le gâteau de semoule aux raisins secs ou encore le gros muffin que vendent les chaînes de boulangeries industrielles.

Le défi à relever était donc de créer des recettes inédites, spécialement pensées pour les intolérants et non pas de pâles imitations de leurs cousines au gluten. Des recettes originales qui ne soient pas justes des adaptations de l'offre réservée aux non-intolérants ou, pire, un compromis qui satisfasse à moitié les uns et les autres. Pour cela, il a fallu passer au crible les rayons des magasins bio, écumer les sites de vente spécialisés sur Internet, interroger des intolérants, des cuisiniers et pâtissiers… puis, tester et faire tester d'innombrables recettes à base de sarrasin, de quinoa, de maïs, de riz, d'amarante… Au fur et à mesure des essais, une palette de goûts infiniment variés apparaît. Les biscuits n'ont rien à voir avec ceux qu'on connaît, les fonds de tartes gagnent en couleurs et en saveurs… Et, oui, tout est bon. À se demander pourquoi les supermarchés ne proposent pas, tous, d'autres farines que celle de blé !

Aussi, si la découverte d'une intolérance au gluten bouleverse forcément la vie, elle n'a pas, en plus, à handicaper le quotidien en imposant des plats fades ou sans fantaisie. Et on le sait, quel que soit le régime, l'unique clé de son bon suivi est… le plaisir ! Ces cent recettes en sont la démonstration. Gourmandes, régressives ou au contraire « tendance », sucrées-salées, exotiques, elles sont adaptées aux goûts des plus petits comme des plus grands et, surtout, conviennent aussi bien aux intolérants qu'aux non-intolérants. Pour que, à table, chacun puisse partager le même plat et y trouver le même plaisir. Vous trouverez des grands classiques adaptés en version sans gluten, des recettes pour les repas de tous les jours, les déjeuners sur le pouce, les pique-niques, l'apéritif, les réveillons, les goûters d'enfants… Et pour ceux qui estiment avoir deux mains gauches en cuisine, pas d'inquiétude : toutes sont inratables et d'une simplicité biblique, c'est promis.

Un peu d'histoire…

La première mention de la maladie cœliaque semble avoir été faite par un médecin grec, Arétius de Cappadoce, au IIe siècle après J.-C. Dans ses notes, traduites au XIXe siècle, il décrivait l'effet de la consommation de céréales par des malades chez qui il constatait également diarrhées, fatigue et perte de poids. Il avait alors utilisé le terme *koeliakos*, littéralement « qui appartient aux intestins ».

En 1888, un médecin anglais, Samuel Gee, publia une première description de la maladie, en pointant notamment le retard de croissance chez les enfants. Mais il faut attendre qu'un pédiatre hollandais, Willen K. Dicke, fasse une démonstration claire de la toxicité du gluten. Durant les périodes de restriction de la Seconde Guerre mondiale, il avait observé que l'état de santé des patients cœliaques s'était amélioré. Effectivement : privés de pain et de dérivés de blé, ils étaient majoritairement nourris avec des « ersatz » à base d'autres céréales. À la fin de la guerre, les restrictions cessant, les malades retrouvèrent leur alimentation… et les symptômes réapparurent. À partir de cette observation empirique, Dicke mena des études d'observation sur des enfants cœliaques : en remplaçant, dans leur alimentation, les farines de blé, de seigle et d'avoine, par des amidons et farines de riz et de maïs, leur état de santé s'améliorait. Preuve était faite. L'année ? 1950. C'est dire si la maladie cœliaque est « récente » !

Jusque dans les années 90, elle était encore méconnue et considérée comme rare… aussi et surtout car il n'existait que très peu d'études épidémiologiques sur le sujet. En 2001, une étude (à Lille, sur un échantillon représentatif de 1 163 personnes) laissait penser que la proportion d'intolérants serait, en France, de 258 personnes de 35 à 64 ans sur 100 000. En incluant les moins de 35 ans, non concernés par l'étude, la France pourrait compter entre 150 000 et 250 000 cœliaques. Dont seules 10 à 20 % sont diagnostiquées.

Partie I

Les questions les plus fréquentes sur l'intolérance au gluten

Éviter le gluten, ce n'est pas seulement supprimer le pain et les pâtes de son alimentation. Il faut aussi acquérir des réflexes d'achat, décoder des termes, prendre de nouvelles habitudes, transformer sa façon de cuisiner... Pas toujours évident. Découvrons ensemble cet univers.

Qu'est-ce que le gluten ?

Toutes les céréales contiennent des protéines en quantité variable. Celles-ci se répartissent en différents groupes et, parmi eux, on trouve le groupe « gluten », qui représente environ 80 % des protéines. Pour la minute culturelle, en latin, *glu* signifie « colle, gomme ». Et effectivement, si on extrait l'amidon des céréales, il ne reste qu'une masse protéique visqueuse et élastique : le gluten. Ensuite, ce gluten se compose lui-même de deux sous-groupes, que l'on distingue par leur solubilité ou non dans l'alcool : les glutélines, non solubles et moins toxiques pour les intolérants, et les prolamines, solubles et toxiques. Ce sont les gliadines pour le blé, les sécalines pour le seigle, les hordéines pour l'orge et les avénines pour l'avoine (ces dernières avec un bémol, nous y reviendrons).

Qu'est-ce que l'intolérance au gluten ?

Il s'agit d'une maladie auto-immune qui ne touche que des personnes génétiquement prédisposées. Chez elles, le gluten provoque une réponse inflammatoire, qui altère progressivement les « villosités » de l'intestin grêle. D'une surface équivalente à celle de quatre terrains de foot (ce n'est pas rien !), ces petits replis sont là pour permettre l'assimilation des nutriments. Lorsqu'ils sont « abrasés », la digestion ne se fait plus correctement, l'absorption des minéraux et vitamines (fer, acide folique, calcium en particulier) non plus, ce qui peut donner lieu à de très sérieuses carences et maladies. Seul traitement : exclure totalement le gluten de l'alimentation, afin de ne pas entretenir la destruction des villosités et de supprimer les symptômes. Parfois, il faut aussi éliminer le lactose en début de régime car les lésions de l'intestin sont responsables de la baisse de la lactase, l'enzyme permettant la digestion du lactose. Nous y reviendrons. Cette éviction totale permet au malade de retrouver une vie tout à fait normale. En théorie, cela semble très simple. Mais dans la « vraie vie », c'est loin d'être aussi évident, quand il s'agit de faire ses courses, de manger sur son lieu de travail, au resto ou d'être invité. Le but de ce livre est aussi de vous y aider !

Quels aliments contiennent du gluten ?

Commençons par les aliments « sources », les céréales. Pour repérer celles qui contiennent du gluten toxique, une astuce mnémotechnique consiste à penser à un «SABOT». Ce qui donne donc :

Seigle ;

Avoine (avec un bémol, voir encadré) ;

Blé (mais aussi boulgour, Kamut, grand épeautre et petit épeautre – variétés « ancêtres » ou proches du blé, contenant moins de gluten) ;

Orge ;

Triticale (hybride entre le blé et le seigle, cultivé en tant que plante fourragère, donc absent des produits d'alimentation courante).

Le cas de l'avoine

Théoriquement, l'avoine « pure » pourrait être consommée par la majorité des cœliaques. Dans certains pays, elle est ainsi autorisée dans le cadre du régime sans gluten, à hauteur de 50 g par jour maximum. La communauté scientifique débat actuellement du sujet. Le principal écueil est que, en France, l'avoine est souvent « contaminée » par du blé, de l'orge ou du seigle, lors de la récolte, du transport ou de l'emballage des céréales (ce n'est pas le cas dans les pays nordiques, par exemple). Concrètement, chez nous, par mesure de précaution, mieux vaut continuer à l'éviter.

Ensuite, ces céréales entrent dans la composition de nombreux produits dérivés, que l'on doit apprendre à connaître. Il faut dire que ses propriétés liantes, gonflantes ou anti-agglomérantes font du gluten un ingrédient attractif pour les industriels. Et si on a tout de suite en tête les céréales de petit déjeuner, pâtes, pain, pizzas, pâtisseries, biscuits, gâteaux, on pense moins spontanément aux aliments panés, à certains produits lyophilisés (bouillons, aromates...), plats préparés, fruits secs, chocolats, yaourts aromatisés, crèmes glacées, sauces, préparations de viande (saucisses, boulettes…). Alors ? Il faut apprendre à faire attention.

Des variétés de blé (trop) évoluées ?

Au fil du temps, afin de les adapter aux besoins des industriels, les variétés de blé ont été sélectionnées de façon à être plus riches en gluten. Plus une farine est riche en gluten, moins les pains s'émiettent, plus les pâtes se travaillent facilement et plus elles sont moelleuses et gonflées. Certains naturopathes pensent que cette évolution est un des facteurs expliquant l'augmentation des intolérances au gluten : nos enzymes digestives ne reconnaîtraient plus les molécules de gluten originelles pour lesquelles elles étaient « programmées », et ne les digéreraient donc plus aussi bien.

Pour vous y retrouver en un clin d'œil

Attention, cette liste est donnée à titre indicatif. Vérifiez toujours la composition des produits que vous achetez car les recettes diffèrent selon les marques. Par exemple, certains taramas sont prohibés car contenant de la chapelure, et juste à côté d'eux, d'autres sont liés aux flocons de pommes de terre, donc autorisés. Ouvrez l'œil, et remplissez votre panier en connaissance de cause !

Aliments	☺	☹
Produits laitiers	Tous les laits nature : frais, pasteurisé, UHT, en poudre. Lait concentré, sucré ou non. Yaourt, fromage blanc, petit-suisse nature. Fromage.	Yaourt et petit-suisse aux céréales. Certains laits aromatisés. Certaines préparations industrielles à base de lait : flan, crème, yaourt allégé, lait gélifié (vérifier). Certains fromages à moisissures, à tartiner ou allégés.
Céréales, fécules	Maïs, riz, soja, sarrasin, manioc, quinoa, millet, et leurs dérivés sous forme d'amidon, farine, fécule, crème, semoule, flocons. Fécule de pomme de terre, amidon de maïs (Maïzena).	Blé (ou froment), boulgour, Kamut, grand et petit épeautre, orge, avoine, seigle et leurs dérivés sous forme d'amidon, farine, crème, semoule, flocons.
Légumineuses	Toutes les légumineuses, nature : lentille, pois chiche, haricot sec, haricot rouge, flageolet… Châtaigne et dérivés (sous forme de farine, de crème, de flocons…).	Vérifier celles en conserve ou surgelées si les recettes sont cuisinées.
Oléagineux	Tous, nature et non grillés à sec : noix, noisette, sésame, pignon, pistache…	Vérifier ceux grillés à sec.

→

Aliments	☺	☹
Produits céréaliers	Galette de riz (contenant exclusivement du riz, avec ou sans maïs, sans adjonction d'autres céréales). Tartines au sarrasin. Nouilles « soba », vermicelle de riz ou de soja. Céréales de petit déjeuner type pétales de maïs, grains de riz soufflé, « flakes » de sarrasin… (mais attention à un risque éventuel de contamination croisée).	Pâtes (simples, ravioli, gnocchi…), pain (tous), biscottes, viennoiseries. Chapelure. Toute la pâtisserie commerciale (biscuit salé ou sucré), pain azyme, hostie. Céréales de petit déjeuner.
Viandes et volailles	Toutes les viandes « nature », fraîches et surgelées. Steak haché « pur bœuf ».	Panées. En beignet ou en croûte. Préparations à base de viandes hachées industrielles (saucisse, boulette…). Préparations farcies (paupiette).
Charcuterie	Jambon blanc, cru. Bacon, épaule cuite. Jambonneau non pané. Poitrine salée, fumée ou non. Confit, foie gras au naturel. Chair à saucisse nature. Saucisse de Strasbourg, Morteau, Francfort, Montbéliard (appellation contrôlée). Andouille, andouillette, rillettes (appellation contrôlée).	Jambonneau pané. Boudin noir industriel, boudin blanc industriel. Pâté en croûte, friand, bouchée à la reine, samoussa, brick, nem. Farce charcutière industrielle. Mousse et crème de foie industrielles. Certains pâtés industriels. Quenelle (vérifier).

Aliments	☺	☹
Poissons	Tous « nature » : frais, salés, fumés, surgelés. En conserves : au naturel et à l'huile. Crustacés, fruits de mer, mollusques. Œufs de poisson (lump, saumon, truite…).	En beignets ou panés. Quenelle (vérifier). Bouchée, crêpe, quiche aux fruits de mer. Surimi (vérifier la composition). Tarama (vérifier la composition).
Œufs	Durs, au plat, omelette.	En soufflé (si béchamel).
Matières grasses	Toutes : beurre, crème fraîche, Végétaline, huile, lard, saindoux, graisse d'oie ou de canard.	Certaines préparations allégées contenant des liants.
Légumes	Tous : frais, secs, surgelés au naturel. Conserves au naturel. Pomme de terre fraîche, précuite, sous vide. Chips non aromatisées.	En beignets, en croquettes, en béchamel. Préparations industrielles à contrôler. Pomme dauphines. Vérifier l'enrobage des pommes noisettes, des chips et frites précuites. Pour les fritures, ne pas utiliser les mêmes bains que pour des produits panés ou les beignets. Cuisinés en sauces (vérifier).
Fruits	Tous : frais, surgelés au naturel. Secs, au sirop, en conserve au naturel. Fruit confit (vérifier). Compote.	Figues sèches (parfois passées dans de la farine pour leur éviter de coller).

→

Aliments	☺	☹
Sucre, produits sucrés	Sucre blanc, roux. Gelée (pur sucre, pur fruit). Miel. Confiture pur sucre, pur fruit. Cacao pur. Sirops (érable, agave...).	Certains nougats et dragées. Attention au sucre glace (vérifier s'il ne contient pas d'amidon de blé). Vérifier la composition du chocolat en poudre ou en tablette. Lemon curd (présence de farine à vérifier).
Desserts	Sorbet. Compote. Salade de fruits. Entremets à base de lait et d'œufs (crème caramel, renversée...). Crèmes à base de crème de riz, de fécule de pomme de terre, d'amidon de maïs, de gélatine, d'agar-agar (éviter les préparations industrielles en poudre). Mousse au chocolat maison.	Pâte à tarte. Tous les gâteaux. Dessert glacé contenant une pâtisserie (ex. : omelette norvégienne). Glace en cornet. Certaines crèmes glacées (attention aux inclusions). Entremets à base de semoule, crème pâtissière...
Amuse-gueules	Oléagineux non grillés à sec (noix de cajou, noisette, amande, cacahuète, noix...). Olive. Chips (pure pomme de terre). Galette de riz (contenant exclusivement du riz, avec ou sans maïs, sans adjonction d'autres céréales).	Biscuit salé. Oléagineux grillés à sec (vérifier). Pizza, quiche, feuilleté...

Aliments	☺	☹
Boissons	Café, thé, chicorée, infusion, café lyophilisé, jus de fruits, soda, vin.	Bière, panaché. Certaines poudres pour boissons.
Condi-ments	Fines herbes, épices pures. Poivre en grains. Cornichon. Sel. Ketchup (vérifier néanmoins). Le tamari (sauce japonaise 100 % soja).	Éviter les mélanges d'épices moulues. Vérifier la composition de tous les condiments en pots. Les sauces soja chinoises, le « shoyu » japonais composé de blé et de soja. Certaines vinaigrettes, surtout allégées. Fond de sauce déshydraté. Bouillon cube (vérifier).

(Source : Afdiag)

✯ Zoom sur le seitan

Très prisée des végétariens, cette alternative aux protéines animales est composée à 100 % de... gluten de blé, séparé mécaniquement de la farine, puis pétri avec de l'eau afin d'obtenir une pâte. Celle-ci est cuite dans un bouillon aromatisé puis présentée sous forme de galettes, de cubes... Il se cuisine comme le tofu ou la viande, dans des farces de ravioli, des plats mijotés... Évidemment, ce n'est pas pour vous, alors que le tofu et le tempeh vous sont autorisés.

Certaines boissons peuvent-elles contenir du gluten ?

Oui. C'est le cas de la bière. Traditionnellement, cette boisson est produite à partir d'orge fermentée, à forte teneur en gluten. Divers ersatz sans gluten, à base de sarrasin, de châtaigne, de millet ou de maïs ont ainsi vu le jour et sont vendus en magasins bio. Un brasseur finlandais a mis au point une bière à base d'orge maltée, la Kukko Pils, renfermant 4 mg de gluten par litre, c'est-à-dire lui permettant d'être certifiée « sans gluten ».

Pourquoi devient-on intolérant au gluten ?

Avant tout, parce qu'on est prédisposé génétiquement. Il existe en effet certaines zones génétiques caractéristiques chez les cœliaques, et les risques d'être intolérant sont plus importants si un membre de la famille (frère ou sœur) est également atteint. La maladie se déclare le plus souvent à deux périodes de la vie : dans l'enfance, entre 6 mois et 2 ans après l'introduction du gluten dans l'alimentation ; et à l'âge adulte, entre 20 et 40 ans. Il arrive aussi qu'elle soit diagnostiquée après 65 ans.

Chez les enfants, le fait de ne pas avoir été allaité augmente les risques de déclencher la maladie dans la petite enfance (ce qui ne veut pas dire que même en étant allaité, un enfant prédisposé génétiquement sera protégé à 100 % toute sa vie). Quand elle se déclare à l'âge adulte, d'autres facteurs semblent intervenir : éléments infectieux, viraux ou bactériens, grossesse, stress intense... Mais tous ces mécanismes restent encore mal connus.

Qui sont les cœliaques ?

Le cœliaque type vit plutôt en Europe, en Afrique du Nord et aux États-Unis (type caucasien). La maladie existe mais reste quasi exceptionnelle en Chine, au Japon et en Afrique subsaharienne (quoique dans ce dernier cas, on ignore si elle n'est tout simplement pas très mal diagnostiquée). Il s'agit aussi plutôt d'une femme : 2/3 des intolérants sont de sexe féminin !

Quels sont les symptômes de l'intolérance au gluten ?

Un enfant intolérant est souvent fatigué, manque d'appétit, souffre de diarrhées chroniques et de douleurs liées à la digestion. Il est replié sur lui-même ou nerveux, dort mal ou d'un sommeil agité. Si, en plus de ces symptômes, ses courbes de poids et de taille ralentissent, tout concorde à désigner une intolérance au gluten.

Chez l'adulte, 10 à 20 % des malades présentent des symptômes classiques tels que des diarrhées, un amaigrissement, des douleurs abdominales, des symptômes de malabsorption de divers nutriments (calcium, magnésium, vitamines A, D, E, K, B12...). Mais dans 80 % des cas, la maladie peut prendre des formes beaucoup plus insidieuses : aphtes fréquents, chute de cheveux, anémie, ostéoporose, affections rhumatismales, irrégularité des règles, fausses couches à répétition, ménopause précoce, problèmes cardiaques ou neurologiques...

Quelles différences avec l'allergie au blé ?

Nous sommes bien d'accord, les nuances de terminologie ne sont pas le point crucial de ce livre, et ce qui compte, c'est plutôt de trouver les solutions qui facilitent la vie des malades. Néanmoins, un petit point sur les termes employés : intolérance ou allergie ?

Reprenons les notions de base : l'allergie est une réponse du système immunitaire qui imagine être agressé par un élément normalement inoffensif (provenant de l'alimentation ou de l'environnement). Il l'identifie comme agent étranger et se met à produire des anticorps de type IgE. La réaction de l'organisme est immédiate ou presque (de quelques minutes à quelques heures) et les symptômes sont caractéristiques : nausées, vomissements, eczéma, asthme… et dans certains cas, mais plus rarement, choc anaphylactique.

Dans le cadre d'une allergie au blé, il s'agit d'une réaction immunitaire vis-à-vis d'un antigène du blé après une sensibilisation préalable. Elle se traduit le plus souvent par des nausées et des vomissements, mais des symptômes plus tardifs, comme l'urticaire, l'eczéma ou encore l'asthme, existent également. Dans le cadre de la maladie cœliaque, l'ingestion de gluten cause une réaction anormale du système immunitaire à l'encontre de « l'intrus ». Il peut y avoir une manifestation quasiment immédiate, type diarrhées, mais il peut aussi n'y avoir aucune manifestation apparente. En revanche, dans tous les cas, la réaction provoquée par l'ingestion de gluten lèse les villosités de la muqueuse intestinale. Le système immunitaire en vient donc à « attaquer » son propre organisme, ce qui va au-delà des critères de l'allergie.

Je ne connais pas certains des termes figurant dans la liste des ingrédients. Renvoient-ils à des ingrédients interdits ?

« Maltodextrines », « amidon », « malt », « maltose »… Est-il question de gluten là-dedans ? Le petit tableau ci-dessous, listant quelques ingrédients que l'on recense couramment sur les emballages de produits alimentaires, biscuits, plats préparés ou plats exotiques, va vous aider à y voir plus clair. Les plus courageux peuvent aussi lire les explications, il est vrai un peu techniques, qui lui font suite.

☺	☹
« Amidon modifié » (1) « Amidon » Agar-agar Arôme de malt (2) Caroube Carraghénanes « E ••• » : tous les additifs E suivis de 3 chiffres Dextrine (4) Extrait de levure Farine de lupin Fructose Gélatine Gomme arabique Guar (farine et gomme)	« Amidon de blé » (1) Extrait de malt d'orge Germe de blé Malt d'orge (2) Sirop de blé Sirop de malt Son d'avoine (3) Son de blé

→

☺
Gomme xanthane Lécithine de soja Maltodextrines Maltol (pas de lien avec le malt) Maltose Manioc Oligofructose Polyols (sorbitol, mannitol, xylitol) Sirop de glucose Sucre inverti

Pour ceux qui veulent comprendre le pourquoi du comment

1. ***L'amidon :*** chimiquement, c'est un sucre, un « polysaccharide », qui ne contient pas de protéines, donc pas de gluten. Mais les « amidons issus de blé » peuvent avoir été contaminés lors de leur fabrication. Donc, à exclure. En revanche, la législation indique que la seule mention « amidon » ou « amidon modifié » désigne un amidon autre que celui de blé (maïs, pomme de terre, riz…) Donc là, oui.
2. ***Le malt d'orge :*** fabriqué à partir d'orge germée, séchée puis réduite en farine. Lors de la germination, les protéines de l'orge sont dégradées par des enzymes mais il peut subsister des résidus toxiques. Le malt d'orge est donc exclu du régime sans gluten. En revanche, les « arômes de malt » sont acceptés. La législation oblige en effet à indiquer l'origine du malt si celui-ci est extrait de céréales posant problème aux allergiques. De même, il existe des malts de riz, évidemment acceptés.

3. ***Le son d'avoine :*** interdit, mais avec le bémol précédemment évoqué. Des intolérants suivent même le « Régime Dukan », dont le son d'avoine est une des pierres angulaires.
4. ***Dextrine, maltodextrines... :*** ce sont des « hydrolysats de blé », c'est-à-dire des composants issus d'une ou plusieurs hydrolyses de blé, l'hydrolyse étant un procédé permettant de décomposer un élément de base en d'autres composés. Dans le cas qui nous intéresse, la teneur en gluten des « hydrolysats » obtenus (dextrines, maltodextrines, polyols...) est considérée comme résiduelle et ces derniers sont donc autorisés. Vous craignez un effet de cumul ? Des chercheurs se sont penchés sur la question, et il ressort que, dans le cadre d'une alimentation classique, la quantité de gluten absorbée via ces fameux hydrolysats ne représente que quelques milligrammes par jour, soit une quantité jugée acceptable. Les travaux incluaient également un scénario « catastrophe », type consommation extrême de sodas par des ados : pas de problème noté.

Le « sans gluten » officiel en grandes surfaces, ça existe !

Toutes les grandes surfaces disposent maintenant d'un rayon diététique où l'on peut trouver des produits naturellement sans gluten et souvent d'au moins une étagère de produits « sans allergènes » avec des produits sans blé, œuf, arachide, lait (Gerblé, Schär...). Auchan a lancé en octobre 2009 sa propre marque de produits sans gluten (Mieux vivre sans gluten), Carrefour a suivi avec la sienne (No Gluten), en février 2010, les supermarchés de surgelés Thiriet proposent une petite sélection de surgelés (Valpiform, France Aglut...).

Que garantit le logo « épi barré » ?

A.F.D.I.A.G.

Ce logo appartient à l'Afdiag. Pour l'apposer sur un produit, l'industriel doit signer un contrat d'utilisation et s'engage ainsi à ce que les teneurs en gluten du produit soient inférieures à 20 mg par kilo. Il doit aussi fournir chaque année des analyses de ses productions. Sécurité maximale !

Bonne nouvelle !

Le 1er janvier 2012 au plus tard*, il sera plus facile de faire ses courses sans gluten. Deux mentions cohabiteront : « sans gluten », garantissant un seuil de 20 mg de gluten par kilo, et « très faible teneur en gluten », un seuil de 100 mg (ce dernier étant réservé aux produits diététiques). Elles devront apparaître « à proximité » du nom du produit : une belle avancée pour les intolérants, jusque-là obligés de retourner les emballages dans tous les sens avant de trouver l'information recherchée.

** Date limite d'application du règlement européen 41/2009, publié en janvier 2009 au Journal Officiel de l'Union européenne.*

Je pense que je suis intolérant. Dois-je immédiatement me mettre au régime « sans » ?

Premier point, pourquoi pensez-vous être intolérant ? Parce que vous avez régulièrement des ballonnements, que vous vous trouvez fatigué et que vous venez de lire un article sur le sujet ? L'intolérance au gluten est bien une maladie, que seul un examen médical peut diagnostiquer formellement. Et pour ne pas fausser le diagnostic, il faut continuer à consommer du gluten jusqu'au jour de l'examen.

Comment diagnostiquer l'intolérance au gluten ?

Quand les symptômes d'un patient font penser à une intolérance au gluten, le médecin prescrit une prise de sang afin de rechercher les anticorps spécifiques de la maladie (antitransglutaminases et en deuxième intention, si besoin, antiendomysium).

Si la recherche est positive, il faut faire une gastroscopie avec biopsies sur la partie haute de l'intestin grêle. Cet examen est indispensable car il peut y avoir de faux « positifs » lors de la prise de sang. Le diagnostic est posé quand l'analyse montre une atrophie villositaire et une augmentation des lymphocytes intra-épithéliaux (LIE). La confirmation est définitive quand, après quelques mois de régime sans gluten, les symptômes disparaissent.

Que penser des tests à faire « à la maison » ?

Se tester seul chez soi à partir de quelques gouttes de sang ? Tentant, mais... Deux sociétés proposent actuellement ces tests. Le test FoodScan procède en deux étapes : une étape préliminaire pour détecter ou non une intolérance alimentaire, une seconde, en cas de positivité, pour affiner les résultats et déterminer les aliments en cause parmi 113 possibilités. Il en coûte au total la modique somme de 400 euros. Le test ImuPro teste entre 90 et 270 aliments (pour un coût de 240 à 499 euros). Il faut savoir que ni l'un ni l'autre de ces tests ne sont validés scientifiquement. →

De là à vous conseiller de vous offrir plutôt un week-end au Maroc, il n'y a qu'un pas, que nous ne franchirons pas, mais l'idée est là. Chers, pas fiables aux yeux des médecins... Ne vaut-il pas mieux consulter directement un professionnel de la santé ?

Je suis diabétique. Ai-je plus de chances de développer une intolérance au gluten ?

5 à 10 % des diabétiques de type 1 (insulinodépendants) sont effectivement cœliaques. Diabète de type 1 et maladie cœliaque sont deux maladies auto-immunes : dans le diabète de type 1, la réaction auto-immune aboutit à la destruction de certaines cellules du pancréas, et dans la maladie cœliaque, à l'abrasion des villosités de l'intestin. Dans les deux cas, on retrouve la même version anormale de certains gènes. Ont également plus de risques de développer une maladie cœliaque : les trisomiques (10 à 20 %), les personnes atteintes de cirrhose biliaire primitive (6 %) ou d'une dermatite herpétiforme (75 %).

Si je suis intolérant, quels sont les risques à consommer néanmoins des produits contenant du gluten ?

Puisque l'intolérance n'est pas une allergie, une consommation accidentelle ne provoquera pas une réaction dangereuse, type œdème de Quincke. En revanche, chaque ingestion de gluten suscite une réponse inflammatoire de l'organisme : les villosités de l'intestin sont de nouveau lésées et des symptômes digestifs peuvent apparaître. Il faut donc s'abstenir de toute prise de gluten afin d'éviter la réapparition des symptômes mais aussi de préserver l'intestin et le risque de complications ultérieures.

Est-ce que ponctuellement, je peux quand même m'accorder un « extra » ?

Comment ne pas être tenté par une pâtisserie ou un verre de bière, surtout lors d'occasions festives ? Une envie tout à fait normale ! Mais souvenez-vous que chaque ingestion de gluten suscite une dégradation de la paroi intestinale, même si on ne ressent pas de symptômes particuliers. Donc non, même « un tout petit peu de gâteau » ou « juste un beignet », c'est interdit. Un plat ou un gâteau vous fait vraiment de l'œil ? Regardez bien comment il est fait, demandez quels sont les ingrédients si vous n'en identifiez pas certains, et retrouvez-en la version sans gluten la plus proche en la faisant vous-même : les 100 recettes de ce livre devraient largement vous y aider.

Peut-on guérir de l'intolérance au gluten ?

Hélas non. Comme un diabétique ne guérit jamais d'un diabète, un cœliaque ne guérit jamais de son intolérance. Mais s'il suit scrupuleusement son régime, il vit tout à fait normalement, d'où la nécessité d'une « tolérance zéro » concernant les écarts. Dès les premières semaines (ou premiers mois) du régime sans gluten bien suivi, les symptômes digestifs cessent, puis la muqueuse intestinale cicatrise, les nutriments sont de nouveau normalement absorbés, les carences disparaissent, le patient retrouve son poids de forme, la fatigue disparaît... Après 12 mois environ, les anticorps spécifiques se normalisent. Hélas, cela ne veut pas dire qu'il redevient possible de manger « avec gluten », ce que de nombreux patients sont tentés de faire.

De plus, un cœliaque qui continuerait à consommer du gluten s'exposerait à des complications graves : certaines autres maladies auto-immunes, certains cancers, fractures... Si l'éviction totale du gluten ne protège pas complètement de tous ces risques, elle en diminue nettement l'incidence. Après cinq ans de régime parfaitement suivi, le risque de lymphome redevient équivalent à celui de la population générale, tout comme celui des autres pathologies. Malgré tout, il reste que les cœliaques ont besoin d'une surveillance médicale régulière.

Supprimer le gluten de l'alimentation risque-t-il de provoquer des carences ?

Le gluten se compose exclusivement de protéines, et n'apporte donc, hormis ces dernières, aucun nutriment spécifique. La plupart des pâtes, pains et biscuits sans gluten et à base de riz ou de maïs sont effectivement moins riches en protéines que leur version classique, mais ceux faits à partir de quinoa ou de sarrasin peuvent au contraire en contenir davantage. Et tout dépend de la composition totale du produit : s'il contient des œufs, par exemple, la différence n'est plus sensible.

En revanche, en bannissant le blé et certains produits céréaliers, vous pouvez vous priver d'une certaine quantité de fibres. Rétablissez l'équilibre en mettant des fruits et légumes à tous les repas et en mangeant régulièrement des légumineuses (lentilles, pois chiches, haricots secs...) ainsi que de l'amarante, du sarrasin ou du quinoa pour ne citer qu'eux. Vous gagnerez même au change car ces derniers sont bien plus intéressants que le blé d'un point de vue nutritionnel.

Les compléments alimentaires peuvent-ils apporter une aide ?

Oui. Fragile, la flore intestinale des intolérants doit être chouchoutée. Son rôle est en effet fondamental pour la santé ! Composée de milliards de bactéries, elle représente 70 % des défenses immunitaires de l'organisme et on connaît aujourd'hui clairement le lien entre flore déséquilibrée et troubles digestifs, douleurs articulaires, problèmes de peau... ainsi qu'allergies et intolérances alimentaires. C'est ici que les probiotiques entrent en jeu. Ces bactéries bénéfiques à l'organisme aident à normaliser la flore ainsi que la réponse immunitaire. Pour bien choisir une supplémentation (toutes les souches de probiotiques n'ont pas les mêmes spécificités), évitez les achats à l'aveuglette en parapharmacie et demandez conseil auprès d'un pharmacien.

Au début d'un régime sans gluten, vous pouvez aussi doper votre organisme grâce à des complexes nutritionnels associant du curcuma, anti-inflammatoire et antioxydant, de la L-glutamine, qui nourrit la muqueuse intestinale et réduit son hyperperméabilité, et divers nutriments bénéfiques au système immunitaire (zinc, sélénium, manganèse…). Pour faciliter le travail de digestion, pensez à la supplémentation en enzymes. En reproduisant le travail de celles normalement présentes dans le tube digestif, ces « mini-découpeuses » d'aliments donnent un bon coup de pouce aux digestions difficiles. Il existe des complexes (qui associent entre autres amylase, protéase, lactase, lipase, maltase, cellulase, papaïne, peptidase…). Là encore, demandez l'avis de votre pharmacien.

Du côté de votre assiette, pensez à privilégier certains aliments contenant des prébiotiques qui nourrissent les probiotiques. Ces fibres se trouvent dans certains végétaux tels que l'ail, l'artichaut, l'asperge, la banane, la ciboulette, l'échalote, l'endive, les pissenlits, le poireau, les salsifis, les tomates, les topinambours… D'accord, ces aliments peuvent donner des gaz mais leurs prébiotiques sont vraiment bénéfiques pour la flore. La choucroute, ainsi que les légumes lactofermentés (comme la carotte, la betterave ou le céleri qu'on trouve en magasins bio, ou encore le kimchi coréen) sont également intéressants pour leurs teneurs en lactobacilles, essentiels à la flore intestinale.

Bien digérer, ça se pense aussi !

La base d'une digestion légère : restez assis tout le temps du repas, à table, sans faire autre chose (donc sans journal ni écran d'ordinateur, ni téléphone) et mastiquez bien, sans engloutir les aliments. Ensuite, évitez ceux qui fâchent (trop gras, archisucrés, alcools et cocktails) ; privilégiez ceux qui, au contraire, se digèrent facilement : viandes blanches, poissons, légumes cuits (servis froids en salade, ou chauds en garnitures), fruits cuits... En assaisonnement, pensez « épices », notamment celles qui luttent contre les ballonnements et autres troubles, type anis, carvi, cumin, curry, gingembre, réglisse... Rajoutez des herbes fraîches, du jus de citron, aux propriétés astringentes et antiseptiques, de l'huile d'olive et, idéalement, terminez le repas par une infusion à la menthe, au fenouil, à la verveine ou au thym.

Au quotidien, à quoi faut-il faire attention quand on est cœliaque ?

À toutes les contaminations accidentelles. Si vous cuisinez à la fois « avec » et « sans » gluten, en fonction des membres de la famille, veillez à certains gestes :

✓ Ne touchez pas un aliment « sans gluten » si vous avez manipulé du pain ou des biscuits « classiques » juste avant.
✓ N'utilisez pas les mêmes planches à découper (surtout celles en bois, poreuses), bains de fritures, grille-pain, gaufriers, appareils à croque-monsieur, crêpières, moules à madeleines ou à muffins (qui peuvent contenir des miettes des précédentes cuissons). Dans la mesure du possible, mieux vaut posséder certains ustensiles en double afin d'en réserver un jeu exclusivement au « sans gluten », et choisir de l'inox, qui se nettoie facilement.
✓ Commencez par préparer les recettes sans gluten et terminez par les « classiques » afin de limiter les résidus ou les poussières de farines.

- ✓ Attention aux cuillères ou aux couteaux qu'on plonge dans les pots de confiture, de miel, de rillettes. Une cuillère de miel tartinée sur du pain par l'un, et voilà quelques miettes qui se retrouvent aussitôt dans le pot… qui devient du même coup interdit à un autre ! Dans la mesure du possible, faites des pots séparés.
- ✓ Refusez gentiment si des amis proposent leur aide pour la préparation du repas, sauf s'ils sont vraiment bien au courant des interdits.

Comment s'adapter quand on mange à l'extérieur ?

Si vous êtes invité chez des amis, cela peut être très facile comme très compliqué. Combien d'intolérants entendent régulièrement : « Ne t'inquiète pas, j'ai pris du pain bio ! » ou « Ah, tu ne peux pas non plus, la chapelure ? » La solution consiste à bien expliquer ce que vous pouvez et ne pouvez pas manger, et à… proposer éventuellement d'apporter un plat.

Si vous vous déplacez plusieurs jours, l'Afdiag peut vous renseigner quant aux hôtels et chambres d'hôtes qui proposent des formules « sans gluten » (voir coordonnées en annexe, p. 231).

Concernant les repas ou invitations au restaurant, mieux vaut téléphoner avant. Demandez si possible à parler directement au cuisinier (c'est lui qui joue des sauces et des recettes, pas le serveur ni le propriétaire !), et précisez votre intolérance. En cas de resto imprévu, il n'est toutefois pas impossible de partager un repas entre amis. Parez au plus simple et choisissez des préparations aussi « nature » que possible : viandes et poissons grillés, légumes vapeur, riz, pommes de terre au four… Demandez à ce qu'on vous serve les aliments sans sauce. Si vous tombez sur un cuisinier complaisant, il pourra changer une garniture, un mode de cuisson, ou remplacer une béchamel par une simple sauce à la crème, sans farine, ou une sauce tomate. Précurseur du genre en France, un établissement 100 % sans gluten a ouvert à Paris. Un exemple à suivre !

Trois questions à Laurence Clerjaud, propriétaire du restaurant « Des Si et des Mets » à Paris

Comment avez-vous eu l'idée d'ouvrir un restaurant « sans gluten » ?

J'ai été diagnostiquée intolérante au gluten fin 2006. Je travaillais alors au service marketing d'une maison de disques. Après m'être documentée sur la maladie cœliaque et sur ce que vivaient les malades, j'ai décidé d'ouvrir ce restaurant. Un changement radical, c'est vrai ! J'ai donc suivi une formation, et « Des Si et des Mets » a vu le jour le 29 octobre 2008. Il s'agit du premier restaurant de ce type en France. Pourtant, la demande existe. En moyenne, ma clientèle se compose à 80 % d'intolérants et de leur famille ou leur entourage.

Comment vous approvisionnez-vous ?

Tous les produits de base (viande, poisson…) viennent de Rungis. Les denrées « à risque », comme les farines et céréales, sont certifiées « sans gluten » par les fabricants. Et pour les ingrédients naturellement sans gluten, mais pouvant avoir fait l'objet d'une contamination comme le chocolat ou la poudre d'amande, nous enquêtons auprès des services qualité de chaque marque pour sélectionner des produits parfaitement sûrs.

→

Que recherchent vos clients ?

Ils apprécient tout particulièrement le pain que nous avons créé, à base d'un mix de farines (amarante, millet, Maïzena...), et les desserts. Dans un restaurant traditionnel, il est quasiment impossible de prendre une pâtisserie et c'est une véritable frustration. Mon ingrédient chouchou ? Sans doute la farine de riz. En termes de résultats, c'est la plus proche de la farine de blé et son goût, peu prononcé, permet de l'utiliser dans un bon nombre de préparations, même s'il faut toujours lui adjoindre d'autres farines pour la rendre moins friable.

À quoi penser quand on part à l'étranger ?

Achetez un dictionnaire de la langue du pays de destination et préparez un petit lexique pour expliquer votre intolérance. Traduisez les mots : blé, pâtes, semoule, riz, intolérance… Vous pouvez trouver un lexique en plusieurs langues sur le site du GERMC (Groupe d'études et de recherches sur la maladie cœliaque), ou vous procurer un guide de voyage auprès de l'Afdiag (voir annexes, p. 229).

Sachez aussi que certaines compagnies aériennes ont la possibilité de préparer des repas sans gluten. Renseignez-vous auprès de votre compagnie avant le départ. Sinon, il faudra emporter votre propre pique-nique.

Si vous allez à l'hôtel et que vous y prenez votre petit déjeuner sous forme de buffet, vous risquez d'avoir du mal à trouver votre bonheur. Selon vos habitudes de petit déjeuner, emportez donc pour le premier jour un petit sachet de müesli, des galettes de riz ou des biscottes sans gluten, que vous pourrez descendre dans la salle à manger. Pour le reste du séjour, vérifiez avant de partir que vous trouverez un magasin diététique ou bio là où vous allez pour faire vos courses sur place. Sinon, il faudra tout anticiper.

Sachez enfin que certains pays sont plus sensibilisés que d'autres à l'intolérance au gluten. En Irlande, par exemple, où la prévalence de la maladie cœliaque est parmi les plus élevées du monde, la plupart des restaurateurs connaissent bien le problème et sauront vous proposer des alternatives « sans ». Pas comme en France, où il est fréquent de tomber sur des serveurs qui vous regardent avec des yeux de merlan frit si vous prononcez les mots « gluten » ou « cœliaque », et qui finissent par répondre « vous mangez bio, c'est ça ? ». De même, vous trouverez facilement des pâtes sans gluten dans les restaurants en Italie. Si vous avez la chance de visiter « la botte », n'oubliez surtout pas d'aller manger dans une enseigne « DS ». Cette chaîne, appartenant au groupe Dr Schär, propose des pizzas, des plats de pâtes, des lasagnes, des bières et même des tiramisus sans gluten. Un véritable eldorado (voir annexes, p. 231) !

Quelques mots à connaître...

Français	Anglais
Pas de pâtes pour moi, s'il vous plaît. Je prendrai plutôt du riz ou des pommes de terre.	No pasta for me, please. I would prefer rice or potatoes.
Est-ce que ce plat contient du blé ? Je suis intolérant au gluten.	Is there wheat in this dish? I am gluten intolerant.

Français	**Allemand**
Pas de pâtes pour moi, s'il vous plaît. Je prendrai plutôt du riz ou des pommes de terre.	Keine Nudeln für mich, bitte. Ich hätte lieber Reis oder Kartoffeln.
Est-ce que ce plat contient du blé ? Je suis intolérant au gluten.	Enthählt dieses Gericht Weizen? Ich bin Glutenunverträglich.

Français	**Italien**
Pas de pâtes pour moi, s'il vous plaît. Je prendrai plutôt du riz ou des pommes de terre.	Invece della pasta, preferirei del riso o delle patate per favore.
Est-ce que ce plat contient du blé ? Je suis intolérant au gluten.	Questo piatto contiene grano? Sono intollerante al glutine.

Français	**Espagnol**
Pas de pâtes pour moi, s'il vous plaît. Je prendrai plutôt du riz ou des pommes de terre.	No pastas para me por favor. Prefiero arroz o patatas.
Est-ce que ce plat contient du blé ? Je suis intolérant au gluten.	Este plato contene trigo? Soy intolerante al gluten.

Et si c'est moi qui reçois ? 15 idées de menus sur mesure

Ainsi, tout le monde se régale avec les mêmes plats. (Les astérisques renvoient à des recettes se trouvant dans le livre.)

Festif
- Toasts de foie gras sur pain d'épices*
- Volaille rôtie, purée de châtaignes
- Bûche de Noël*

J'invite « tradi »
- Salade de mâche et toasts de pain aux graines* au saumon fumé
- Côte de bœuf au four, haricots verts poêlés ail et persil
- Tarte Tatin*

Un mercredi avec les enfants
- Salade de betterave
- Steak grillé, frites de polenta*
- Rose des Sables*

Pas le temps de me poser !
- Quiche au saumon*
- Salade d'endives
- Yaourt + compote

Avec les copines
- Rouleaux de printemps*
- Escalope de poulet en papillote, brocolis aux amandes effilées
- Crêpes à la châtaigne* et coulis de chocolat chaud

Je suis au régime !
- Bâtonnets de légumes à tremper dans la tofu-naise*
- Jambon blanc, endives à la béchamel*
- Yaourt au soja et coulis de fruits rouges

À réchauffer au bureau dans mon bento
- Carottes râpées
- Escalope de dinde aux champignons, riz
- Banane

En été
- Gaspacho de tomate à la ciboulette, crackers au sésame*
- Croquettes de poisson*, salade verte
- Clafoutis aux cerises*

En automne
- Potage au potiron
- Darne de saumon, amarante à la sauce tomate
- Crumble des bois*

En hiver
- Potage de légumes
- Choucroute de la mer (avec crevettes, saumon, moules, cabillaud)
- Petits flans au tapioca*

Au printemps
- Radis à la croque au sel, pain blanc en MAP* et beurre
- Rôti d'agneau, pommes vapeur
- Fraises et glace à la vanille*

Plateau télé
- Jus de tomate
- Salade de lentilles au saumon*

- Compote de fruits
- Madeleines de Mamie*

Apéro dînatoire
- Cakes salés*
- Canapés de pain aux graines* (saumon fumé, jambon cru…)
- Mini-quiches salées (avec pâtes à tarte sans gluten*)
- Bâtonnets de légumes
- Tofu-naise*
- Roulés de jambon au chèvre frais et à la ciboulette

Pique-nique
- Salade de riz, poulet, tomates, poivrons, cœur d'artichauts
- Taboulé de quinoa au crabe*
- Cakes salés*
- Bouchées citron-pavot*
- Cookies aux flocons de quinoa*
- Fruits frais

Brunch en famille
- Œufs brouillés au saumon
- Pain riz-maïs*
- Beurre
- Confitures
- Riz au lait (d'amandes)*
- Müesli croustillant aux fruits*
- Laits végétaux
- US Muffins*
- Cake au thé vert Matcha*
- Salade de fruits
- Yaourts

Si je ne suis pas intolérant, y a-t-il un intérêt à consommer « sans » ?

Lorsque vous mangez du riz, des pommes de terre, des légumes, de la viande, du poisson, des légumes ou des fruits, vous mangez naturellement « sans gluten » et tout va pour le mieux dans le meilleur des mondes. De même, si vous faites partie de la famille d'un intolérant, vous allez forcément partager avec lui une alimentation sans gluten. Vous pouvez aussi privilégier des céréales plus rustiques, comme le Kamut ou l'épeautre, qui ont fait l'objet de moins d'évolutions que le blé d'aujourd'hui. Mais vous priver volontairement et totalement de tout produit contenant du gluten, ou acheter des pains, pâtes ou biscuits portant l'épi barré, ne présente aucun intérêt particulier pour vous.

Le régime Seignalet, régime des intolérants ?

Attention, autre débat. Ce régime préconise d'exclure les céréales contenant du gluten, mais aussi les produits laitiers, les aliments cuits à plus de 110 °C et les huiles chauffées ou extraites à chaud. Globalement, sa théorie consiste à revenir autant que possible à une alimentation « originelle » ou « hypotoxique », et viserait à lutter contre les maladies auto-immunes, les maladies d'élimination (asthme, psoriasis…) ou liées à un « encrassage » des cellules, type acné, migraines, diabète de type 2, cancers… De même, certains naturopathes conseillent aux non-intolérants de remplacer le blé par de l'épeautre ou du Kamut, des variétés plus proches du blé d'origine et donc mieux tolérées, voire d'exclure le gluten, tout comme les produits laitiers, à remplacer par des laits végétaux et du tofu. Mais là, rien à voir avec les intolérances, on entre davantage dans une philosophie d'alimentation.

Ma fille de 3 ans est cœliaque. Son petit frère a 3 mois. J'ai envie de ne pas lui donner de gluten quand il aura l'âge de manger des céréales, est-ce une bonne idée ?

Ce petit frère (ou cette petite sœur) n'a que 10 % de risques de développer une maladie cœliaque, ce qui est loin d'en faire une fatalité. Ensuite, l'idée du « sans gluten d'office » est tentante mais la réponse est non. Les médecins conseillent actuellement de n'introduire le gluten ni trop tôt, ni trop tard, c'est-à-dire vers 5 mois et, si possible, tout en continuant parallèlement à allaiter afin de renforcer ses défenses immunitaires. Allaiter permet en effet, chez tous les enfants, de retarder de 50 % le risque d'apparition de la maladie à l'âge pédiatrique (ce qui ne veut toutefois pas dire qu'elle ne peut pas se déclencher plus tard).

Mon bébé est cœliaque. Qu'est-ce que je lui donne à manger ?

Nourrir un tout petit est très facile : les laits infantiles sont déjà forcément « sans ». Ensuite, il suffit de regarder les mentions sur les étiquettes pour vérifier l'absence de gluten, tout comme les bouillies de céréales. Il en existe des versions sans gluten, à base de millet ou de riz, en magasins diététiques et bio. Quant à la nourriture maison, pas de souci avec les purées, compotes et petits morceaux de viande, de poisson ou de fromage, puisque tout est préparé de façon très simple. Votre enfant doit être gardé par une nounou ? Faites-lui un stock de petits pots sans gluten, qu'on trouve très facilement dans le commerce (voir annexes, p. 223).

Ma fille de 9 ans vient d'être diagnostiquée. Faut-il faire un dosage chez son petit frère ?

Il est en effet possible de faire une analyse chez les frères et sœurs d'un enfant cœliaque mais, globalement, les médecins s'accordent à dire qu'à partir du moment où un enfant grandit bien, sans être grognon ni se plaindre de mal de ventre, il n'y a pas lieu de faire un dosage. En tout cas, ne l'envisagez pas avant 2 ans, le résultat ne serait pas très fiable. Et sachez qu'un seul test suffira, il n'y a pas besoin d'en faire plusieurs ou bien chaque année, même si vous pouvez être tenté pour vous rassurer : c'est inutile !

Comment faciliter la vie de mon enfant intolérant ?

Ne craignez pas de lui expliquer son intolérance même s'il est tout petit. L'essentiel est de ne pas dramatiser, ni menacer « si tu manges du pain, tu seras puni », ni interdire de façon catégorique « c'est comme ça, c'est tout ». Expliquez-lui simplement qu'il aura une alimentation un peu différente de celle du reste de la famille car son ventre ne fonctionne pas de la même façon, et qu'il est très important qu'il ne mange jamais de pâtes, de pain, certains biscuits... Mais ce n'est pas pour ça que ses repas seront moins bons que les vôtres ou ceux de ses frères et sœurs !

Souvent, si toute la famille est d'accord, une bonne technique consiste à mettre tout le monde au régime « sans », surtout au début. Ensuite, libre à chacun de manger aussi du pain, des biscuits… Le petit intolérant ne se sentira pas exclu et la convivialité des repas, essentielle, sera intacte. Prévoyez un placard, ou au moins une étagère, avec tous les ingrédients sans gluten. Ce sera « son placard », où il aura ses céréales, ses pâtes… Et pour les biscuits du mercredi après-midi, faites participer toute la famille et préparez des cookies à la farine de quinoa ou des cakes à la farine de riz !

S'il est plus grand et qu'il sait lire, apprenez-lui à repérer sur les étiquettes les ingrédients à éviter, et organisez une course au trésor au supermarché : donnez-lui une petite liste de courses, et à lui de choisir les « bons » produits, sans blé ! Une façon de lui apprendre les bons réflexes tout en s'amusant.

Goûters de fin d'année à l'école, anniversaires chez les petits copains, pause « 4 heures » à la sortie des classes ? Dans tous les cas, vous aurez bien sûr préparé un gâteau ou des biscuits sans gluten, qu'il pourra partager avec les autres enfants. Enfin, encouragez-le à ne jamais accepter des gâteaux ou des biscuits offerts par d'autres mamans « pour être poli », et dites-lui bien que personne ne lui en voudra.

Peut-il manger à la cantine ?

Pour un enfant demi-pensionnaire, une solution peut être de préparer son panier-repas, comme dans le cadre d'une allergie alimentaire. Dans le langage de l'Éducation nationale, on parle de PAI (Projet d'accueil individualisé)*, permis par la circulaire n° 99-181 du 10 novembre 1999. Pour le mettre en place, il faut adresser une demande au chef d'établissement, en joignant un certificat médical. Ensuite, vous apportez chaque jour le repas de votre enfant (aliments mais aussi tous les contenants nécessaires étiquetés à son nom, les couverts, le sel et le poivre, enfin tout !). De son côté, la cantine s'engage à stocker au froid puis à réchauffer et à servir le repas. Vous trouverez dans le chapitre « Annexes » un site où acheter tout le matériel nécessaire à la confection d'un repas « PAI » : barquettes micro-ondables, couverts… Après accord, dernière précaution : un entretien avec les instituteurs et les « dames de service » de la cantine, afin de vérifier que tous ont bien conscience de l'importance du régime « sans » pour votre enfant. Il s'agit évidemment de mesures contraignantes et certains établissements sont parfois frileux. Mais n'hésitez pas à solliciter des rendez-vous avec le médecin scolaire et le chef d'établissement.

Il arrive qu'à cause de ce panier-repas ne pouvant être mis en contact avec les aliments de la cantine, l'enfant doive manger dans une autre pièce. Pas très chouette d'être séparé de ses copains pour cette coupure dans la journée ! N'hésitez pas à voir avec le cuisinier de la cantine ce qu'il est possible de faire afin que l'enfant déjeune au réfectoire avec ses copains de classe. Chaque cas est un cas particulier, donc posez des questions, prenez rendez-vous, sans hésitation !

---

* *Vous trouverez tous les détails du PAI à l'annexe C du Bulletin Officiel du ministère de l'Éducation nationale du : http://www.education.gouv.fr/bo/2001/special9/annexe.htm#annexec*

Comment se faire rembourser l'achat de produits sans gluten ?

Il faut d'abord prouver l'intolérance grâce à une biopsie. Ensuite, le médecin fait une déclaration afin d'identifier la maladie comme affection de longue durée et nécessitant des soins continus de plus de six mois, et établit une prescription de produits sans gluten, pour six à douze mois.

Les produits « naturellement sans gluten » (type farines de sarrasin, de riz, de maïs...) ne peuvent être remboursés. Seuls peuvent l'être les produits vignetés avec un code-barres et bénéficiant d'un numéro d'agrément. Le remboursement n'est pas basé sur le prix de vente mais sur le tarif LPPR (Liste des produits et prestations remboursables de la Sécurité sociale) indiqué sur les vignettes.

Lorsque vous faites vos courses (en grandes surfaces, en magasins bio, en pharmacies : peu importe le circuit de distribution), pensez à demander une facture. Il faut ensuite coller les vignettes sur un document Cerfa spécifique et envoyer le tout à l'Assurance-maladie une fois par mois (pensez à faire des photocopies de l'ordonnance afin d'en joindre un exemplaire à chaque envoi).

Le remboursement est forfaitaire en fonction du type de produits (farines, pains, pâtes et biscuits ont chacun des bases de remboursement différentes) et de leur poids. Il est fixe quelle que soit la marque, mais variable selon l'âge. Pour les enfants de moins de 10 ans, la base est de 33,54 euros par mois, et de 45,73 euros pour les plus de 10 ans ainsi que les adultes. La prise en charge est généralement de 65 % mais peut passer à 100 % à certaines conditions, lorsque l'intolérance entraîne des complications ou d'autres pathologies.

Est-il possible d'arrêter le régime sans gluten ?

Il n'y a qu'un seul cas où la réintroduction du gluten peut se faire : c'est quand il existe un doute diagnostique, par exemple si la biopsie est difficile à interpréter ou si le régime sans gluten est peu probant. Dans ce cas, la réintroduction du gluten sera encadrée par des biopsies de contrôle. En revanche, dans les cas où le diagnostic a été posé clairement, il n'y pas de réintroduction.

Du côté des ados, certains peuvent, à un moment, très mal vivre leur régime. Rien d'étonnant, à l'âge où « tout est nul, les parents sont des arriérés, les médecins des incompétents et qu'il n'y a que lui qui a raison ». Même le médecin connaît parfaitement l'issue de la manœuvre, il peut accorder à l'ado une réintroduction du gluten, à condition qu'il se plie à une surveillance fréquente des anticorps. Quelques semaines plus tard, non seulement l'ado aura pu voir réapparaître les symptômes, mais le bilan sanguin conclura aussi à la reprise du régime. Quand les parents n'arrivent pas à faire entendre raison à leur enfant, ce « passage gluten » peut être une solution.

Comment contrôler l'évolution de la maladie cœliaque ?

Le suivi dépend de l'âge et de l'état de santé de l'individu mais, en général, quand le régime est bien suivi, il suffit d'un contrôle des anticorps antitransglutaminases une fois tous les six mois ou tous les ans. Pas besoin de refaire une biopsie, sauf en cas de vrai problème.

Où en est la recherche ?

La maladie cœliaque reste encore assez mal connue. Il existe actuellement des axes de recherche : identifier des enzymes qui pourraient être ajoutées aux aliments afin de dégrader le gluten et assurer sa détoxification, trouver de nouvelles variétés de blé sans gluten (OGM), renforcer la barrière intestinale afin de la rendre imperméable, bloquer le système génétique particulier aux cœliaques afin de diminuer la réponse toxique au gluten, créer un médicament qui pourrait être pris ponctuellement (voyages, repas festifs, professionnels...) pour détruire le gluten avant qu'il n'atteigne l'intestin, bloquer les facteurs inflammatoires à l'origine des lésions... Rien encore de concret, mais des pistes porteuses d'espoir ! En attendant, le régime sans gluten reste le seul traitement.

Quels sont les ingrédients de base de la cuisine sans gluten ?

Avec un peu de pratique et d'habitude, vous pourrez adapter toutes les recettes des livres de cuisine « classiques » ou de vos magazines. Il suffit juste d'avoir les bons ingrédients ! Suivez le guide.

Julie, 29 ans, traductrice

« Je suis intolérante au gluten, et j'en ai essayé des pains, pâtes et autres biscuits sans gluten dans des magasins de diététique... au point de désespérer d'en trouver un jour des bons. Mais depuis que j'ai goûté des petits sablés à la farine de maïs maison, entre autres, j'ai compris que l'on pouvait très bien se régaler sans gluten si l'on faisait ses préparations soi-même. Alors j'ai bien envie de m'y mettre, moi qui ne suis pourtant pas très branchée cuisine. »

Arrow-root

Issue de la racine de maranta, une plante tropicale, cette fécule au goût totalement neutre s'utilise pour préparer des entremets ou des sauces, à raison de 1 cuillère à soupe pour 25 cl (pour une sauce) et 1 à 2 cuillères à soupe (pour un entremets), en fonction de l'épaisseur souhaitée.

Une idée express ? Chauffez 50 cl de lait d'amande, versez 20 g d'arrow-root (25 g si vous préférez les textures plus fermes) préalablement délayés dans 4 à 5 cuillères à soupe de lait d'amande également, faites cuire sans cesser de remuer jusqu'à épaississement, puis ajoutez 4 cuillères à soupe de miel ou de sirop d'érable. Parfumez de cacao en poudre, d'eau de fleur d'oranger, de dés de fruits (poires, bananes, mangues…) et laissez refroidir.

Prix moyen : 3,80 euros les 250 g.

Amarante

Originaire d'Amérique latine, l'amarante appartient à la famille du trèfle. Ses petites graines rondes cuisent en 25 à 30 minutes à l'eau bouillante salée, et s'utilisent comme garnitures de plats ou en salades. À noter : leur richesse en fibres (15,2 %) !

Une idée express : l'amarante « pop-corn ». Versez 2 cuillères à soupe de graines dans une poêle antiadhésive bien chaude, sans ajouter de matière grasse, couvrez aussitôt avec un couvercle et laissez les graines éclater. Dès que la myriade de crépitements s'est tue, ôtez la poêle du feu et versez son contenu dans un bol. Laissez refroidir et dégustez dans votre müesli du matin ou pour faire croustiller des crèmes dessert.

Prix moyen : 4,30 euros les 500 g.

Chocolat

Les chocolats aux inclusions de biscuits, aux éclats de céréales ou certaines bouchées fourrées contiennent du gluten. Du côté des tablettes « classiques », la plupart des emballages stipulent « peut contenir des traces de gluten ». Dirigez-vous vers les chocolats à 70 % de cacao et plus, ainsi que vers les chocolats bio : vous trouverez plus facilement des produits exempts de gluten. Et, bien sûr, il existe des chocolats de toute sorte (bouchées pralinées, chocolats fourrés...) garantis sans gluten, vendus en circuits spécialisés.

« Crèmes » de céréales

Il s'agit de farines précuites, à utiliser pour épaissir des potages, faire des croquettes, préparer des entremets ou des crèmes-desserts à base de lait (de vache ou végétal). Quelques précisions sur chacune d'entre elles.

• La crème de quinoa

Délicieuse dans des crèmes pâtissières aromatisées au cacao amer. Sinon, utilisez-la pour faire une béchamel.

Prix moyen : 1,95 euro les 250 g.

• La crème de riz

Elle s'utilise surtout comme la fécule de maïs, comme épaississant pour les potages, les sauces et les crèmes. Elle se marie très bien aux entremets à base de lait et d'œufs, sucrés avec du miel et agrémentés de raisins secs.

Prix moyen : 1,30 euro les 250 g.

- **La crème de millet**

Même usage que celle de riz. Cuite avec du lait (vache ou soja), du miel ou du sirop, elle est délicieuse en guise de petit déjeuner, avec des dés de fruits frais.

Prix moyen : 1,75 euro les 250 g.

- **La crème de sarrasin**

Avec sa saveur typée, pas moyen de se tromper ! Elle s'utilise comme liant de sauces et de potages, et peut aussi se préparer en galettes express. Il faut la cuire en bouillie à l'eau salée, laisser refroidir dans un plat ou un moule à cake, couper en tranches ou en cubes, et faire dorer le tout dans un peu d'huile. On dispose ensuite sur une salade verte assaisonnée, ou on sert avec une sauce tomate et des légumes.

Prix moyen : 2 euros les 250 g.

Farines « naturellement sans gluten »

Toutes s'achètent en magasins diététiques et bio, à l'exception des farines de sarrasin, de maïs et de châtaigne qui peuvent aussi se trouver en grandes surfaces. Et une fois que vous les aurez goûtées, vous serez sans doute d'accord : à côté, le blé... n'a pas de goût ! En revanche, il faut les apprivoiser.

Quelques conseils avant de vous lancer

Les farines sans gluten ne se comportent pas de la même façon que la farine de blé. Par exemple, elles absorbent davantage d'eau : ne soyez pas étonné s'il vous faut un peu plus de liquide pour obtenir une pâte homogène.

Les petits gâteaux, biscuits, muffins et autres cakes : ils sont faciles à réussir et vraiment savoureux, lancez-vous sans hésitation.

Les pains : réussir un pain sans gluten (et ayant une certaine allure), c'est plus compliqué. C'est même la recette qui donne le plus de fil à retordre aux intolérants. Pour vous faciliter la tâche, sachez qu'il existe des « mix » de farines déjà prêts, et additionnés de différentes gommes ou texturants qui favorisent la panification.

Les tartes : les pâtes sans gluten sont beaucoup plus fragiles, moins élastiques et malléables que les pâtes à la farine de blé. Elles s'effritent facilement quand on les étale et en les transportant du plan de travail jusque dans leur moule. La technique : déposer la boule sur une feuille de papier sulfurisé, l'aplatir à la main, la couvrir d'un film étirable puis l'étaler à l'aide d'un rouleau à pâtisserie. On décolle ensuite doucement le film et on installe la pâte, toujours sur le papier sulfurisé, directement dans le moule. Quelques mises au point du bout des doigts pour bien lui faire épouser les bords, et la garniture est prête à être versée. Côté démoulage, laissez la tarte refroidir complètement dans son moule : les bords auront le temps de se rétracter et le démoulage se fera sans casse. Le problème de la pâte détrempée ? Quand on prépare des tartes aux fruits très aqueux (nectarines, pêches, abricots, prunes, par exemple), l'astuce consiste en général à recouvrir le fond de tarte avec de la chapelure de biscuits secs ou de semoule. Ça, c'est pour les « avec gluten ». De votre côté, la solution consiste à le saupoudrer de tapioca. Incolore et de goût neutre, il absorbera le jus des fruits et apportera en plus du moelleux. Autre option : les poudres d'amandes, de noisettes ou de pistaches, qui jouent le même rôle tout en redoublant de saveurs.

***Attention !** Il existe toujours un possible risque de contamination croisée pour ces farines « naturellement sans gluten ». La solution : contacter le fabricant pour lui demander des précisions, ou acheter celles portant l'épi barré.*

• **La farine d'amarante**

Elle s'utilise en mélange avec de la farine de riz ou de l'amidon de maïs pour réaliser des petits muffins ou des madeleines, et sert aussi de liant (1 cuillère à soupe pour 20 cl de liquide, à délayer dans un peu de liquide froid avant de reverser dans la préparation et de faire cuire, toujours en remuant.) Bon point : elle est riche en lysine, un acide aminé qui manque globalement aux céréales.

Prix moyen : 3,50 euros les 500 g.

• **La farine de châtaigne**

Un goût prononcé et une saveur douce, presque sucrée... Elle s'utilise souvent en mélange avec d'autres farines plus neutres : riz, fécule de pomme de terre ou de maïs. Mais les amateurs peuvent parfaitement se régaler de recettes 100 % farine de châtaigne : biscuits secs, crêpes, clafoutis, gâteaux... Les cakes et muffins y gagnent un parfum dense et étonnant. Ses meilleurs amis : le chocolat, les noisettes, les amandes, le miel, la banane, la poire et l'orange. Ne tardez pas trop à utiliser le paquet une fois ouvert car cette farine s'évente rapidement.

Prix moyen : 5 euros les 500 g.

• **La farine de lentille verte**

Étonnante ! On en fait des blinis, des tuiles ou des cookies salés et sucrés (certes verts mais absolument délicieux : goûtez vite notre recette de cookies p. 173). Elle s'incorpore aussi dans des pâtes à cakes et à pain (à hauteur de 25 ou 50 %), qu'elle teinte alors légèrement, ou comme liant de soupes et de potages. À noter, ses teneurs exceptionnelles en protéines (24 %), en fer, en calcium (trois fois plus que les céréales) et en fibres (11,2 %) ! Une fois mélangée avec les autres ingrédients, vous trouvez à la préparation une odeur terrible de foin ? C'est normal, pas d'inquiétude, elle disparaît totalement à la cuisson.

Prix moyen : 3,50 euros les 500 g.

Danièle, 56 ans, directrice d'école

« Quand j'ai vu ces biscuits verts arriver, j'étais assez étonnée... et je l'ai été encore plus quand j'ai appris qu'ils étaient faits avec de la farine de lentille verte ! Je ne savais pas que les lentilles pouvaient être préparées de cette façon dans un dessert, et j'étais loin de m'imaginer que le résultat pouvait être aussi excellent. C'est une recette qui peut tout à fait plaire à ceux qui ne sont pas intolérants. »

- **La farine de maïs**

Jaune pâle et à la texture très fine, elle s'utilise couramment dans les pâtes à gâteaux car elle renforce la saveur de la matière grasse et le côté sucré. Pas mal pour réaliser des biscuits « allégés » car on peut alors réduire les quantités de beurre et de sucre. On en fait aussi des cakes salés. Dans les Charentes, elle est à la base du « millas », un entremets fait avec du lait, des œufs et du beurre.

Prix moyen : 1,30 euro les 500 g.

- **La farine de pois chiche**

Si vous aimez l'hoummos, vous aimerez cette farine jaune pâle, à l'odeur et au petit goût particulier. Riche en protéines (19 %) et en fibres (14 %), elle entre dans la composition de nombreuses recettes traditionnelles : la panisse, la socca, les baghirs, les pakoras (des beignets indiens de légumes frits dans une pâte à base de farine de pois chiche). On en fait aussi des crêpes ou des terrines végétales. Un conseil : n'hésitez pas à goûter les recettes des biscuits apéro ou des cakes salés ! Ses meilleurs amis : le cumin, les olives noires, le curry ou encore les tomates séchées.

Prix moyen : 2,50 à 3 euros les 500 g.

- **La farine de quinoa**

Utilisée seule ou en mélange, elle donne un petit goût particulier aux recettes de cakes salés ou sucrés, aux gâteaux et aux sablés. Son alliance avec le chocolat dans des cakes et des gâteaux fait des merveilles. Pour les pâtes à tartes ou à quiches, utilisez-la en mélange avec de la farine de riz ; pour les appareils à clafoutis, faites moitié-moitié avec de la poudre d'amandes. Une idée coup de cœur ? Des sablés à la farine de quinoa dans lesquels on ajoute des flocons (toujours de quinoa) : la touche croquante et parfumée est absolument irrésistible !

Prix moyen : 3,70 euros les 500 g.

- **La farine de riz**

Sans doute la farine « naturellement sans gluten » offrant le résultat le plus proche de celui de la farine de blé. Son goût neutre lui permet de se glisser dans des recettes sucrées comme salées. On en fait aussi des pâtes à tartes très croustillantes, mais hélas très friables (suivez bien nos conseils p. 61). Rigolo : légèrement granuleuse au toucher et très blanche, on a l'impression de faire une boule de neige lorsqu'on la travaille. Et il reste de légères granulations dans la pâte après cuisson.

Prix moyen : 3 euros les 500 g.

Flore, 35 ans, assistante comptable

« Je suis toujours un peu méfiante quand je m'apprête à goûter un produit "diététique", c'est-à-dire, en fait, pour moi "pas normal". Mais là, j'ai été bluffée : sur une assiette étaient présentés deux types de tartelettes à la framboise, mais les unes étaient faites à la farine de blé, donc avec gluten, les autres à la farine de riz, donc sans gluten. J'ai cherché vainement la différence : toutes étaient délicieuses, avaient le même aspect, la même couleur, bref : tout pareil. Comme il fallait les départager, j'ai annoncé que j'avais une petite préférence pour "celles-ci". Le verdict tombe : c'est justement la recette sans gluten ! Même réaction des autres goûteurs autour de la table : 100 % des testeurs ont préféré les "sans gluten" ! »

• **La farine de sarrasin**

Grâce à son goût très typé, cette farine donne du caractère au pain, aux crêpes, aux blinis ou aux biscuits salés. Évidemment, vous connaissez les fameuses galettes bretonnes, 100 % sarrasin. Faites-les vous-même pour vous en régaler au petit déjeuner, avec de la compote ou de la confiture, ou à l'apéritif, recouvertes d'un peu de beurre et de saumon puis roulées et recoupées en mini-rondelles. Super à déguster du bout d'un pic apéritif ! À choisir de préférence avec la garantie sans gluten car le sarrasin fait partie des céréales souvent contaminées par le blé.

Prix moyen : 2 euros les 500 g.

Annie, 43 ans, jardinière paysagiste

« D'habitude, je n'aime pas les sablés, je trouve ça trop sec, on sent trop le beurre… Et puis là, j'ai adoré les sablés au sarrasin ! Leur goût est beaucoup plus fin, plus subtil, on sent beaucoup moins ce côté un peu gras. Étonnamment, ils font nettement plus « légers ». J'ai très envie d'en faire et de les recouvrir d'une couche de chocolat noir, je pense que le mariage doit vraiment bien rendre. »

- **La farine de soja**

Obtenue à partir de fèves de soja torréfiées et moulues, c'est la championne des teneurs en protéines (35 %), graisses (25 %) et aussi… en calories (470 contre 350 en moyenne). Source de calcium et de vitamines B, elle s'associe à d'autres farines pour enrichir des préparations végétariennes ou des gâteaux (1/3 de farine de soja pour 2/3 de farine de riz, par exemple). Elle leur donnera une jolie couleur dorée, du moelleux et une saveur de noisette. Sa richesse en graisses la faisant rancir rapidement, mieux vaut la conserver dans son sachet hermétiquement refermé, au réfrigérateur, et s'en servir rapidement.

Prix moyen : 2,60 euros les 250 g.

Et aussi...
La farine de teff

Encore assez peu connu, le teff est originaire d'Éthiopie, où il constitue la base de l'alimentation. On le mange sous forme de galette (« injera ») dont on se sert pour porter les aliments à sa bouche. La farine s'utilise essentiellement pour réaliser des biscuits sucrés ou salés et des crêpes. Son inconvénient étant de ne pas bien gonfler, il faut la mélanger avec de la farine de riz ou de la fécule. Elle rend les pâtes à tartes plus faciles à travailler.

Prix moyen : 5,50 euros les 500 g.

Fécule de pomme de terre

Blanche et avec une texture fine, très poudreuse, la fécule de pomme de terre s'utilise comme la Maïzena : pour lier un potage (1 cuillère à soupe rase pour 50 cl de potage), ou l'épaissir (2 cuillères à soupe rases), remplacer la farine dans une crème pâtissière (35 g pour 50 cl de lait), rendre plus aériennes les génoises (en remplaçant la moitié de la farine par de la fécule), donner du liant à une crème anglaise et l'empêcher de se dissocier (1 cuillère à café pour 50 cl de lait), obtenir des sauces onctueuses (1 cuillère à soupe rase pour une sauce légère, le double pour une sauce plus épaisse)… Comme la Maïzena, il faut penser à la délayer dans un peu de liquide froid avant de l'incorporer à la préparation en train de chauffer. Elle peut enfin remplacer une partie de la farine dans des biscuits secs, auxquels elle apporte une texture très fine et légère.

Prix moyen : 1,70 euro les 250 g.

Flocons

À consommer cuits dans du lait, tels quels sur des salades, ou à inclure dans des pâtes à pain, à cakes, à muffins, à cookies… Chacun possède sa saveur et sa texture propre, donc n'hésitez pas à varier.

- **Les flocons de châtaigne**

Avec leur petit goût de châtaigne très doux, ils sont évidemment délicieux dans du lait au petit déjeuner, mais aussi dans une foule d'associations plus inattendues. Côté sucré, ils donnent du relief à la pâte d'un cake, du croquant à des biscuits sablés, enrichissent un lait de soja chocolaté chaud, se mélangent à la pâte d'un crumble aux pommes ou aux poires… Côté salé, ils étonnent, saupoudrés sur une salade de chou rouge ou de betterave, cuisinés dans un riz pilaf, enrobant des billes de fromage frais ou cuits dans un potage de potiron (qu'on peut ou non mixer pour le rendre velouté). Avouez que vous êtes tenté !

Prix moyen : 6,25 euros les 350 g.

- **Les flocons de millet**

Assez neutres de goût, ils épaississent des soupes, se cuisent en galettes, se mélangent à des müeslis, des pâtes à crumbles ou encore à des biscuits.

Prix moyen : 2,70 euros les 500 g.

- **Les flocons de quinoa**

Grâce à leur teneur très intéressante en protéines, on en fait souvent des croquettes végétales, en mélangeant le même volume de flocons et de lait (riz, quinoa), qu'on lie à l'œuf. Il faut bien laisser gonfler le mélange, puis le faire cuire à l'huile chaude. Ils se glissent aussi dans des biscuits : petite note charmante dans des cookies par exemple, associés à des pépites de chocolat bien noir.

Prix moyen : 4 euros les 500 g.

- **Les flocons de riz**

Très légers, ils épaississent les soupes, se cuisent en galettes, enrichissent des omelettes, des gratins, des terrines, des müeslis, des crumbles, des biscuits…

Prix moyen : 2 euros les 500 g.

- **Les flocons de sarrasin**

Ils se mélangent à des müeslis, se cuisinent en potages ou en galettes, s'incorporent à des gratins, des farces, des biscuits…

Prix moyen : 2,70 euros les 500 g.

- **Les flocons de soja**

Leur point fort : une forte teneur en protéines (40 % !) et en graisses (23 %), composés en grande majorité d'acides gras insaturés bénéfiques à la santé. Toastés, ils se mélangent à des müeslis, se cuisinent en potages ou en galettes, se mélangent à des gratins, des farces, des pâtes à pancakes, des biscuits…

Prix moyen : 2,75 euros les 500 g.

Gomme de guar

Aussi appelée E 412 dans les listes des additifs, cette gomme est extraite de la graine d'une légumineuse (*Cyamopsis tetragonolobus*). Grâce à ses propriétés épaississantes, stabilisantes et émulsifiantes, elle est largement utilisée par l'industrie alimentaire pour améliorer la texture de sauces, soupes, crèmes glacées, pains… Concernant les pains et gâteaux sans gluten, elle permet d'en aérer la mie, de les rendre plus moelleux et d'éviter les résultats durs et compacts. Assez chère à l'achat, elle dure cependant longtemps : on en utilise seulement 2 à 5 g par kilo de farine.

Prix moyen : 18 euros les 225 g.

Légumes secs

Lentilles vertes, roses ou noires, pois chiches, flageolets, haricots rouges ou blancs, pois cassés, fèves... Mettez-les au menu aussi souvent que possible ! Très riches en fibres, en antioxydants, vitamines, minéraux et protéines parfaitement tolérées, ils sont associés à une diminution du risque de maladies cardio-vasculaires et de cancer colorectal. Ils se cuisinent en potages, mijotés avec des viandes, en purées (comme le célèbre hoummos, purée de pois chiches relevée de purée de sésame), en terrines, en salades...

Levures

- **La levure chimique**

Vous trouverez facilement l'équivalent « sans gluten » de la levure chimique traditionnelle en magasins diététiques ou sur Internet (Valpiform', Pural...). Elle contient des agents levants (pyrophosphate acide de sodium, bicarbonate de soude) mais mélangés à de la fécule de pomme de terre ou de l'amidon de maïs en remplacement de l'amidon de blé.

- **La levure de boulanger fraîche**

Indispensable pour les pains : c'est grâce à elle que la pâte gonfle et qu'une mie est bien appétissante ! Fabriquée à partir de champignons microscopiques, nourris de sucre (mélasse de betterave) et d'éléments nutritifs (azote, phosphates, vitamines, minéraux...), elle ne contient pas de gluten. Celle vendue en cubes au rayon frais des grandes surfaces est sûre, en revanche, évitez de l'acheter au poids chez les boulangers, simplement à cause du risque de contamination croisée.

- **La levure de boulanger déshydratée**

Elle s'ajoute directement à la farine. La version « grand public » (Francine) est dépourvue de gluten. Vous en trouverez aussi des versions garanties sans gluten en magasins diététiques ou sur Internet (Saf Instant, Werz...).

Maïs

- **La polenta**

Une spécialité italienne ! Il s'agit de semoule de maïs, qui se fait cuire et épaissir dans de l'eau. Laissée à refroidir dans un plat, on la découpe en ronds, en bâtonnets, en frites... avant de la servir avec une sauce tomate ou poêlée à l'huile d'olive pour la faire croustiller. Ce qui n'empêche pas de l'utiliser pour réaliser des sablés ou des gâteaux, auxquels elle donne un côté croquant.

Prix moyen : 1,40 euro les 500 g.

- **L'amidon de maïs**

Aussi appelé « fleur de maïs » chez Maïzena ou « fine de maïs » chez Francine, ou tout simplement « Maïzena » par abus de langage (comme on a fini par dire « Scotch » pour ruban adhésif ou « Frigidaire » pour réfrigérateur). Bien qu'extrait du grain de maïs, il est de couleur blanche, contrairement à la farine de maïs. Très fin, sans goût, il lie les sauces et potages, se cuit en entremets et crèmes pâtissières et remplace aussi partiellement la farine dans les génoises, biscuits de Savoie... Il allège ainsi d'autres farines plus denses ou au goût plus soutenu, comme celles de châtaigne ou de pois chiches.

Prix moyen : 2,15 euros les 500 g.

• **Le dextrose de maïs**
En vente en magasins diététiques ou sur Internet, il possède des propriétés émulsifiantes et active les levures. Ajouté à raison de 1 cuillère à soupe dans une pâte à pain, il lui permet de mieux monter.

Prix moyen : 2,80 euros les 150 g.

Poudre d'amande
Obtenue à partir d'amandes moulues, elle peut remplacer la farine (en totalité ou en partie) dans des fondants au chocolat ou des moelleux « tout amande » tout en apportant sa saveur particulière et un grand fondant. On en fait aussi des biscuits, les fameux « amaretti » italiens.

Quinoa
À découvrir d'urgence si ce n'est pas encore fait ! Sa saveur de noisette et ses petits grains ronds et croquants sous la dent en font un ingrédient apprécié de tous. Comptez 60 g environ par personne. Il cuit en 15 minutes environ, à l'eau bouillante salée. On en fait des salades, des taboulés, des « quinoa pilaf », des galettes, des garnitures de viande ou de poisson… Polyvalent et délicieux, il apporte de bons acides gras et des protéines contenant tous les acides aminés essentiels. À cuisiner d'urgence !

Prix moyen : 4 euros les 500 g.

Riz

• En grains

Blanc, complet, long, rond, à risotto, violet... Le choix est large et vous permet de préparer de nombreuses recettes, de risotto, pilaf, croquettes, terrines, gratins, salades...

• La semoule de riz

Elle s'utilise dans des potages (2 cuillères à soupe pour 25 cl), dans des entremets (6 cuillères à soupe pour 50 cl). Elle cuit en 8 minutes, jetée en pluie dans une préparation bouillante. On en trouve facilement en grandes surfaces au rayon « aides culinaires ».

Prix moyen : 2,35 euros les 250 g.

Sarrasin

• En grains

Il se sert en garniture de viande ou poisson, en plat complet, agrémenté de dés de viande ou de poisson et de légumes, ou froid en salade. Comptez 50 g de sarrasin par personne. Il cuit en 15 à 20 minutes environ, selon les marques. Même remarque que pour la farine : il y a un risque qu'il soit contaminé par du blé, aussi préférez le produit porteur de l'épi barré.

Prix moyen : 2 euros les 500 g.

• La kasha

Du sarrasin grillé et décortiqué. Elle cuit plus vite que les grains de sarrasin, et se consomme de la même façon.

Prix moyen : 3,50 euros les 500 g.

Sirops

Concentrés de minéraux, moins caloriques que le sucre blanc (300 en moyenne contre 400) ; ils sucrent les boissons, les entremets, nappent des crêpes, des yaourts au soja… Certains les utilisent en pâtisserie à la place du sucre, mais le résultat est différent, moins levé, plus compact… Préférez-les en nappage ou dans des recettes qui n'ont pas besoin de lever, comme les entremets.

• **Le sirop d'agave**

Il est issu du jus concentré d'un cactus originaire du Mexique. Grâce à son pouvoir sucrant très élevé (les Aztèques le surnommaient « eau de miel »), 2 cuillères à soupe suffisent à remplacer 100 g de sucre. Il a aussi la particularité d'être bénéfique à la flore intestinale. Dégustez-le sur une compote, une crêpe ou un yaourt au soja afin de profiter de son goût subtil et délicat.

Prix moyen : 4 euros les 25 cl.

• **Le sirop d'érable**

Lui nous vient du Canada. Source de calcium, de potassium, il est indissociable des pancakes du petit déjeuner et s'utilise aussi dans les entremets, les glaces ou à la place du sucre dans les brownies. La texture du gâteau sera ultra-moelleuse, archisirupeuse… Un bonheur ! Les Américains l'utilisent aussi pour faire mariner et laquer des viandes qu'ils grillent ensuite au barbecue. En épiceries fines, vous trouverez du « beurre » d'érable (du sirop encore plus concentré, proche d'une pâte à tartiner) et des « flocons » croustillants, obtenus par séchage, qu'on utilise comme du sucre. Mais infiniment plus goûteux et riches en nutriments, faut-il le préciser ?

Prix moyen : entre 4 et 9 euros les 25 cl.

• Le sirop de riz
Traditionnellement, il est réalisé à partir de riz fermenté et agrémenté de malt. Regardez bien les étiquettes et achetez ceux mentionnant « sans gluten ». Sa saveur de caramel en fait le compagnon idéal des crêpes et des yaourts.

Prix moyen : 4 euros les 50 cl.

Tapioca
Fécule extraite de la racine de manioc, le tapioca s'utilise essentiellement dans les potages et les entremets. Comptez 10 g pour épaissir 25 cl de bouillon léger, 20 g pour un entremets fluide, 30 g pour un entremets plus dense (toujours pour 25 cl). Il cuit en 7 minutes dans le liquide bouillant, et, à savoir, épaissit en refroidissant.

Prix moyen : 1,30 euro les 250 g.

Vermicelles et pâtes
Sans parler de pâtes sans gluten spécifiquement vendues comme telles, il est possible de se régaler de pâtes « comme tout le monde ». Direction le rayon asiatique de votre grande surface.

• Vermicelles de soja
Transparents après cuisson, légèrement croquants sous la dent, ultra-glissants (n'essayez pas de les manger proprement, personne n'y arrive vraiment de toute façon), ces vermicelles sont faits à partir de haricots mungos. Pour les cuire, il faut les plonger dans une casserole d'eau bouillante salée ou bien les mettre dans un saladier et les couvrir d'eau bouillante salée, 3 minutes environ. Égouttés, ils finiront de cuire dans des soupes, des nems, des poêlées de légumes, des woks de poulet… On en fait aussi des salades.

Prix moyen : 1 euro les 100 g.

• Vermicelles de riz

Parfaitement blancs, ils entrent dans la composition du « pho », cette célèbre soupe thaïe mêlant bouillon parfumé à la citronnelle, pousses de soja, bœuf émincé... On les prépare aussi sautés, en garnitures de viandes et poissons, d'omelettes, dans des soupes au lait de coco et aux crevettes... Ils cuisent en 4 minutes seulement.

Prix moyen : 2 euros les 200 g.

• Les « soba »

Les « spaghettis » nationaux des Japonais. Achetez-les en épiceries asiatiques ou bio et cuisinez-les avec des sauces à base de crème de soja, de la ciboulette ou de l'aneth et, au choix, des moules, des crevettes, des dés de poisson blanc ou de saumon, des lanières de saumon fumé... Des feuilles d'épinards suées à la poêle leur vont aussi très bien !

Prix moyen : entre 3 et 5 euros les 250 g.

Louise, 50 ans, décoratrice d'intérieur

« Actuellement en pleine période de ménopause, je souffre de problèmes de ballonnements et j'ai modifié mon alimentation sur les conseils de ma gynéco. J'ai découvert avec plaisir les yaourts au soja et aux fruits, le müesli sans gluten au sarrasin, le quinoa, les pâtes au sarrasin... Le pain sans gluten est assez spécial, rien à voir avec le pain au blé ! On en mange moins, il rassasie bien... Je n'ai jamais fait de tests pour vérifier une intolérance au lactose ou au gluten mais, en tout cas, j'ai la sensation de mieux digérer et de moins ballonner, alors je continue. »

Partie II

Les questions les plus fréquentes sur l'intolérance au lactose

Bonne nouvelle : l'intolérance au lactose est nettement moins contraignante que celle au gluten. Elle mérite cependant une petite part d'attention, ainsi que quelques explications.

Qu'est-ce que le lactose ?

C'est le principal sucre du lait, précisément un sucre complexe (un « disaccharide »), formé d'une molécule de glucose et d'une molécule de galactose. Son pouvoir sucrant étant très faible, il ne donne pas de goût sucré au lait. Pour être digéré, il faut absolument que ces deux molécules soient scindées au niveau de l'intestin grêle grâce à une enzyme spécifique que fabrique l'organisme, la lactase.

Qu'est-ce que l'intolérance au lactose ?

Cette intolérance est consécutive à une production insuffisante ou absente de lactase, l'enzyme produite dans la partie haute de l'intestin. Conséquence : la digestion des produits laitiers se fait mal et entraîne des symptômes relativement désagréables pour l'intolérant.

Quels aliments contiennent du lactose ?

Tous les produits laitiers, mais en quantités variables : les fromages affinés n'en renferment que des traces, alors que le lait ou le fromage blanc en contiennent de façon plus importante. Le lactose figure ainsi logiquement dans les recettes à base de produits laitiers : certains plats cuisinés à la crème fraîche, les entremets (clafoutis, crèmes, flans…), les gratins à la béchamel, les crèmes glacées, les quiches, les soufflés… Puisqu'il possède des propriétés qui intéressent les industriels (pouvoir sucrant, de fermentation, de cristallisation…), il entre aussi dans la composition de produits où on ne l'attend pas forcément : biscuits, charcuteries, produits de régime… et même médicaments ! L'industrie pharmaceutique l'emploie en effet copieusement comme excipient : 20 % environ des médicaments (comprimés, suspensions buvables ou poudres sèches pour inhalation…) en contiennent. Demandez conseil à votre pharmacien.

Quelques teneurs en lactose (pour 100 g d'aliment)

Lait concentré sucré	10,2 g
Crème dessert (type Danette)	6,8 g
Crème glacée	5,9 g
Lait écrémé	4,8 g
Lait de brebis	4,8 g
Lait entier	4,6 g
Lait demi-écrémé	4,6 g
Lait de chèvre	4,3 g

→

Fromage blanc à 0 %	4,2 g
Yaourt nature	3,8 g
Fromage blanc (8 %, ex 40 %)	3,6 g
Fromage blanc (3 %, ex 20 %)	3,5 g
Crème allégée (15 %)	3,5 g
Petit-suisse	3 g
Yaourt à boire	2,8 g
Crème fraîche entière	2,8 g
Fromages fondus et frais	2 à 3,7 g
Parmesan/gruyère/comté	traces
Fromage à pâte persillée	traces
Camembert	traces
Beurre	traces

Source : Répertoire général des aliments, Tome 2, Produits laitiers, 2e édition, Afssa-Ciqual, éditions Tec et Doc et Inra, 2002.

Pourquoi devient-on intolérant au lactose ?

Sauf déficience liée à une prédisposition génétique (mais extrêmement rare), cette intolérance est essentiellement liée à l'âge. Prenons les choses depuis le début. Le nouveau-né produit énormément de lactase pour digérer le lait maternel, très riche en lactose. Logique, puisque chez le nourrisson, le lait, et en particulier son sucre, constitue l'unique source d'énergie.

Rapidement après la fin de l'allaitement, la production de lactase décroît, jusqu'à 18/20 ans. Certaines personnes conservent une production de lactase suffisante pour continuer à assimiler le lactose sans difficulté mais, chez d'autres, elle décroît davantage. On estime, par exemple, en France, que 20 à 50 % des adultes ne disposent plus que 10 % de leur production initiale de lactase. Ce sont les intolérants au lactose.

À savoir : on peut aussi être intolérant de façon ponctuelle, par exemple pendant une maladie (virus, gastroentérite, infection, traitement par antibiotiques, chimiothérapie…). Logique, puisque dès que la muqueuse intestinale est perturbée, la production de lactase l'est aussi. Il faut alors du temps pour que la paroi intestinale se reconstruise et que la production de lactase revienne à la normale. La maladie de Crohn ou l'intolérance au gluten peuvent également créer une intolérance au lactose. Mieux vaut alors le supprimer temporairement. Mais dans le cas de la maladie cœliaque, après quelques mois de régime sans gluten bien suivi et une fois la muqueuse intestinale cicatrisée, le lactose peut être réintroduit.

Dans quels pays compte-on le plus d'intolérants au lactose ?

Des études ont montré que le statut lactasique n'était pas le même dans toutes les régions du globe, et y compris dans un même pays. En France, on recense environ 10 à 15 % d'intolérants dans le Nord, et 50 % dans le Sud ! Dans le monde, ils sont très peu nombreux dans les populations d'Europe du Nord, ainsi que chez leurs descendants en Amérique du Nord, alors que la quasi-totalité des Africains sont intolérants, hormis quelques tribus africaines et bédouines. On suppose en effet que les populations descendant d'éleveurs, et dont les ancêtres étaient de forts consommateurs de lait, ont conservé une meilleure production de lactase.

Pays	Pourcentage d'intolérants au lactose
Suède, Danemark	3 %
Finlande, Suisse	16 à 17 %
Angleterre	20 à 30 %
France	Nord : 10 à 15 %. Sud : 50 %
Italie	51 à 71 %
Grèce	75 %
États-Unis	Population blanche : 6 %, noire : 73 %
Indiens d'Amérique du Sud	90 %
Yémen	45 %
Inde	Nord : 63 %. Nord-Ouest : 0 à 15 %
Japon, Thaïlande	100 %
Afrique (à l'exclusion de quelques tribus nomades)	100 %

Source : Questions sur produits laitiers & intolérance au lactose, Maison du Lait, n° 29.

Quels sont les symptômes de l'intolérance au lactose ?

Rapidement après la prise d'un aliment contenant du lactose (une heure, parfois moins), l'intolérant ressent des troubles digestifs (ballonnements, douleurs). Pourquoi ? Parce qu'une partie du lactose, ne pouvant être digérée, finit par passer « entière » dans le côlon. Elle déclenche une production de lactate, d'acides gras volatils (acétate, propionate, butyrate) et de gaz. Le milieu s'acidifie et le transit est accéléré, entraînant des diarrhées. Toutefois, l'intensité des symptômes dépend de la production de lactase de la personne, et sera moindre si le lactose a été absorbé dans le cadre d'un repas ou avec d'autres aliments. Revers de la médaille, comme ils ne sont pas franchement gênés, certains intolérants s'ignorent. Au fil du temps, ils peuvent se mettre à souffrir d'une fatigue chronique ou de troubles de la concentration. Sans comprendre « d'où ça vient ».

Quelles différences avec l'allergie aux protéines de lait de vache ?

Nous l'avons vu, l'intolérance au lactose concerne, sauf cas exceptionnel, les adultes et les adolescents. Elle est très rare chez les petits car ils produisent naturellement beaucoup de lactase. Un enfant se plaint après avoir consommé des produits laitiers ? Il s'agira plutôt d'une allergie à des protéines laitières, la caséine et la bêta-lactoglobuline. Elle touche essentiellement les nourrissons et les jeunes enfants (2 à 3 % des moins de 2 ans sont concernés). Le petit allergique souffrira aussi souvent de symptômes tels que des affections ORL et oculaires (asthme, rhino-conjonctivite…) et/ou dermatologiques (eczéma, dermatite atopique, urticaire…). Il faut alors supprimer strictement de son alimentation tous les produits laitiers et aliments pouvant en contenir. Bonne nouvelle cependant : dans 80 % des cas, l'allergie disparaît spontanément entre 2 et 5 ans.

Je pense que je suis intolérant. Dois-je immédiatement me mettre au régime « sans » ?

Certaines personnes se disent intolérantes, mais essentiellement pour trouver une explication à certains de leurs petits maux digestifs. Des chercheurs se sont intéressés au sujet et ont mené des études. Il ressort que, dans plus de la moitié des cas, il s'agirait du « simple » syndrome de l'intestin irritable. Chez vous, vous pouvez faire un test, en buvant deux verres de lait à jeun le matin sans prendre quelque autre aliment. Ensuite, observez si vous ressentez les symptômes caractéristiques. Un autre test ? Exclure pendant une quinzaine de jours tous les produits contenant du lactose, et évaluer si vous digérez vraiment mieux.

Comment diagnostiquer l'intolérance au lactose ?

Pour information, il existe un test (celui « de l'hydrogène expiré »). En pratique, il n'est réalisé que de façon très rare et seulement en milieu hospitalier. Comment ça marche ? Lorsque le lactose est digéré au niveau du côlon, il produit de l'hydrogène, évacué par les voies respiratoires. C'est cet indice que les médecins utilisent. Le jour du test, on donne au patient à jeun une préparation à base de lactose (25 à 50 g). Au bout de 10 minutes, il expire dans un petit appareil. On recommence au bout de 20 minutes, puis 40 minutes, puis 1 heure, 2 heures et enfin 5 heures. En cas d'intolérance, la quantité d'hydrogène expirée est très élevée et c'est cette mesure qui déterminera ou non l'intolérance.

Si je suis intolérant, quels sont les risques à consommer néanmoins des produits contenant du lactose ?

Ces « risques » sont surtout de l'ordre de la gêne, à cause de ballonnements et d'inconfort digestif. Rien de grave donc, mais peu agréable. À savoir : les symptômes sont liés à la façon dont le lactose a été absorbé. Nous y reviendrons.

Supprimer les produits laitiers de l'alimentation risque-t-il de provoquer des carences ?

L'éviction du lactose signifie essentiellement supprimer le lait, les fromages blancs, la crème fraîche et, dans une moindre mesure, les yaourts (ces derniers contiennent en effet des enzymes qui prédigèrent le lactose et facilitent son assimilation). Se pose alors la question du calcium, indispensable à notre santé. Chaque jour, 700 mg sont utilisés par l'organisme pour renouveler le capital des os chez l'adulte. Il participe aussi à la régulation des sécrétions hormonales, de la pression artérielle et du poids, favorise la bonne coagulation sanguine, la transmission de l'influx nerveux, la contraction musculaire, l'activité enzymatique, etc. Ainsi, les apports nutritionnels conseillés sont de l'ordre de 900 mg par jour, 1 000 mg pour les femmes enceintes dans leur dernier trimestre et les femmes allaitantes, et 1 200 mg pour les enfants et adolescents de 10 à 19 ans, les femmes de plus de 55 ans et les hommes de plus de 65 ans. Mais si on a souvent l'impression que le calcium ne se trouve QUE dans les produits laitiers, on a en réalité... tout faux. Les oléagineux (amande, noisette, noix...), certaines eaux minérales, certains poissons en sont d'excellentes sources. Au quotidien, il suffit simplement de changer de marque d'eau minérale, de penser à agrémenter vos plats d'oléagineux (vous trouverez plein d'idées au fil des recettes), d'adopter les sardines en boîte (en mangeant les arêtes car c'est là que se concentre le calcium !), les légumes secs et les purées de noisettes, de sésame ou d'amandes, qui se tartinent sur du pain à la place du beurre. Pour être assimilé, le calcium a besoin de vitamine D. Mangez régulièrement des poissons gras (hareng, maquereau, saumon, anchois...), cela suffira amplement. Enfin, le lait apporte un peu de vitamine A. À retrouver dans le foie, le beurre ou les œufs. Au fait, selon l'Étude nationale nutrition santé (ENNS) menée en 2006, plus de 50 % des hommes, 75 % des femmes, 65 % des garçons et 75 % des filles auraient des apports inférieurs aux apports nutritionnels conseillés. Raison de plus pour miser sur les aliments riches en calcium, toutes origines confondues.

Quelques teneurs en calcium (pour 100 g d'aliment)

Famille des produits laitiers	
Lait écrémé en poudre	1 301 mg
Parmesan	1 275 mg
Emmental	1 185 mg
Beaufort	1 040 mg
Cantal	970 mg
Édam	890 mg
Morbier	760 mg

→

Reblochon	625 mg
Roquefort, bleus	600 à 900 mg
Fromage à raclette	550 mg
Feta	483 mg
Fromage fondu ou à pâte molle	320 à 570 mg
Lait entier concentré sucré	280 mg
Chocolat au lait	200 mg
Fromage de chèvre sec	190 mg
Lait de brebis	183 mg
Saint-Marcellin	173 mg
Yaourt nature	173 mg
Sauce Béchamel	140 mg
Crème glacée	135 mg
Lait de chèvre	120 mg
Lait de vache	120 mg
Fromage blanc	120 mg
Brie, crottin	117 mg
Petit-suisse	117 mg
Crème anglaise	112 mg
Gâteau au fromage blanc	98 mg
Crème fraîche	73 mg
Beurre	14,5 mg

Famille des produits « non laitiers »	
Eau minérale Courmayeur (1 L)	579 mg
Eau minérale Hépar (1 L)	549 mg
Eau minérale Contrex (1 L)	468 mg
Sardine entière en boîte	380 mg
Purée d'amandes complètes	264 mg
Anchois à l'huile	210 mg
Farine de soja	205 mg

→

Persil frais	200 mg
Tofu	200 mg
Noisette	188 mg
Noix du Brésil	178 mg
Pissenlit cru	165 mg
Figue séchée	160 mg
Cresson	157 mg
Sésame	150 mg
Jaune d'œuf	137 mg
Pistache	135 mg
Bigorneau	130 mg
Tonyu (boisson au soja) enrichi	120 mg
Crevette cuite	115 mg
Épinard cru	104 mg
Chair de crabe	97 mg
Bulot	92 mg
Haricots blanc et rouge, cuits	60 à 70 mg
Haricot vert	45 mg
Cœur de palmier	44 mg
Tonyu (boisson au soja)	39 mg
Yaourt au soja	31 mg

Est-ce que, ponctuellement, je peux quand même m'accorder un « extra » ?

La réponse est oui ! Il existe en effet un seuil de tolérance au lactose, variable selon les individus. Certains sont intolérants dès 3 g de lactose (l'équivalent d'un petit pot de fromage blanc), d'autres en supportent jusqu'à 50 g, voire plus ! On estime que la majorité peut en consommer jusqu'à 12 g (soit 25 cl de lait) sans observer de désagréments. C'est pour cette raison qu'il est possible de continuer à absorber un peu de lactose. Les médecins le conseillent même, car cette faible consommation permet d'entretenir la production, même petite, de lactase.

Peut-on guérir de l'intolérance au lactose ?

Non, car l'activité enzymatique de la lactase ne remonte pas. Elle ne peut pas non plus être « relancée », par exemple en se forçant à maintenir une forte consommation de lait. Mais il est possible de ruser.

Les compléments alimentaires peuvent-ils apporter une aide ?

Pour faciliter le travail de digestion, il est possible de se supplémenter grâce à des comprimés de lactase (en pharmacies et parapharmacies). Pris pendant le repas, ils reproduiront le rôle de l'enzyme normalement produite par l'organisme et améliorent nettement la digestion du lactose.

Anne-Marie, 62 ans, rencontrée à l'heure du petit déjeuner, au restaurant d'un hôtel

« Je suis Islandaise et, dans mon pays, on consomme énormément de lait. Je le digère mal mais comme j'adore ça et que je ne veux pas m'en passer, surtout au petit déjeuner, je prends systématiquement des comprimés de lactase, que j'emporte partout, au restaurant, en voyages... Depuis que j'en prends, je n'ai plus de problèmes de digestion. »

Comment améliorer la tolérance aux produits laitiers ?

Nous en parlions plus haut, il existe quelques « trucs » qui permettent de faciliter la digestion du lait et des produits laitiers. En pratique, mieux vaut :

- Éviter de boire du lait à jeun et seul.
- Préférer les laits sous les formes les mieux tolérées. Dans l'ordre :
  1. Lait incorporé dans une recette (entremets, sauce Béchamel pour gratin, purée...).
  2. Chocolat chaud au lait entier (le cacao et les matières grasses du lait ralentissent la digestion du lait).
  3. Lait entier.
  4. Lait demi-écrémé.
- Éviter autant que possible le lait écrémé : totalement dépourvu de matières grasses, c'est le moins bien toléré.
- Proscrire les grandes quantités de lait, de fromage blanc, de crème fraîche...
- Consommer d'autres aliments en même temps : pain + beurre ou céréales + chocolat en poudre avec le bol de lait du petit déjeuner, fromage blanc avec compote ou confiture à la fin du repas plutôt que seul au goûter...
- En dessert, limiter les fromages blancs et préférer les yaourts (le lactose est prédigéré par leurs ferments naturels) ou une part de fromage affiné (il est alors éliminé en quasi-totalité pendant le processus de fabrication).
- Acheter des laits « à teneur réduite en lactose » (rayon « laits longue conservation » des grandes surfaces).

Ils sont tout simplement enrichis en lactase, qui « prédigère » le lactose, et ne contiennent plus que 0,5 g de lactose au maximum. Ils conservent le goût du lait (cependant avec une saveur légèrement plus sucrée, résultat de la prédigestion des sucres du lait), et ses qualités nutritionnelles (protéines, vitamines...). À l'étranger, il existe une autre technique qui consiste à extraire totalement le lactose du lait afin d'obtenir un produit délactosé.

Comment s'adapter quand on mange à l'extérieur ?

Contrairement à l'intolérance au gluten, l'intolérance au lactose est beaucoup plus facile à vivre « à l'extérieur ». Si vous êtes invité, vous pouvez prévenir vos hôtes par mesure de précaution, mais il y a assez peu de risques qu'ils aient préparé un menu composé de concombre au yaourt, d'escalopes à la crème et d'îles flottantes. Si vous allez au restaurant, il est là encore assez facile de se débrouiller. Dans les brasseries/bistrots, on trouve facilement de quoi constituer un menu sans lactose : crudités variées, grillade ou poisson avec timbale de riz nature, légumes ou pommes vapeur, puis une salade de fruits ou un sorbet... mais sans chantilly ! Pas de problème non plus avec les restaurants asiatiques : ils n'utilisent pas de produits laitiers. Les restaurants traditionnels ou gastronomiques posent un peu plus souci : la cuisine française fait la part belle à la crème et au lait dans de très nombreuses préparations. N'hésitez pas à demander des précisions au serveur quant à la composition de certains potages, d'émulsions, de sauces, de gratins... Ce sont les restaurants indiens, orientaux, bulgares ou encore russes qui pourraient être les plus

« problématiques » dans la mesure où leur cuisine fait souvent appel au fromage blanc et au yaourt. Posez la question, et rabattez-vous sur les soupes, plats mijotés dans des sauces aux légumes… Et encore une fois, il ne s'agit pas d'une allergie, donc pas de psychose.

Quels sont les ingrédients de base de la cuisine sans lactose ?

Des alternatives aux produits laitiers ? Facile. Vous trouverez presque tout ce qu'il vous faut en grandes surfaces, et pour le reste, direction les magasins bio.

Beurre

Même en cas d'intolérance au lactose, le beurre est autorisé. D'une part, on n'en mange jamais des kilos, d'autre part, il ne contient que des « traces » de lactose, et, enfin, comme il est incorporé dans des pâtes (cake, gâteau, muffin…) ou tartiné sur du pain, sa digestion est encore facilitée. En revanche, si vous ne souhaitez pas en utiliser du tout, remplacez-le par des margarines végétales et des purées d'oléagineux.

Crèmes végétales

Vendues en briquettes, elles remplacent la crème fraîche dans toutes les préparations : quiches, sauces, pannas cottas, entremets… Côté calories, elles sont comparables à des crèmes allégées à 15 %.

Prix moyen : 1 à 2 euros les 20 cl.

- **La crème de soja**

Riche en protéines et en bonus « gras », elle est parfaite en sauce froide (avec des fines herbes, sur des légumes ou du poisson vapeur), en liant de potages, de purées ou de poêlées de légumes, ou encore à la place de la crème dans la garniture de quiches ou de gratins. En revanche, ne la faites pas bouillir : elle coagule et se liquéfie. N'hésitez pas à goûter différentes références, les saveurs peuvent être très différentes, tout comme les valeurs caloriques qui font le grand écart d'une marque à l'autre. Si vous êtes au régime, cela peut valoir le coup de gagner quasiment 200 calories sur une briquette de 20 cl, non ?

- **La crème de riz**

Dépourvue de protéines, assez épaisse, elle s'utilise dans les plats salés ou sucrés. Toutefois, son goût assez doux la rend plus adaptée aux desserts et aux entremets.

- **La crème d'amande**

Un délice pour tous ceux qui craquent pour la frangipane ! La crème d'amande possède cette même petite saveur délicatement parfumée. Elle est donc délicieuse pour tous les entremets, les pannas cottas, les coulis de chocolat chaud qui nappent des poires au sirop…

Fromages

Comme le beurre, le fromage ne contient plus que des « traces » de lactose. Puisqu'on le mange aussi au milieu du repas, ou en préparation dans une recette, il n'y a pas de raison de s'en priver. Si vous ne voulez pas en consommer, il existe peu d'alternatives, hormis des préparations ressemblant au célèbre « fromage frais à l'ail et aux fines herbes » à base de tofu (magasins bio). Quant aux fromages à pâte dure utilisés pour gratiner et obtenir une croûte croustillante, la meilleure façon de les remplacer consiste à saupoudrer le gratin avec une chapelure (faite avec des biscottes sans gluten par exemple), afin d'obtenir le croustillant. Mais la saveur n'aura rien à voir.

Laits végétaux

Petite précision : il faudrait, pour être exact, employer les termes « jus » ou « boisson à base de » pour désigner ces boissons végétales. Mais dans le langage courant, on se sert essentiellement du terme « lait », qui sera employé ici.

Quelques explications concernant leur fabrication ? Il s'agit de céréales, d'oléagineux ou de légumineuses cuits dans de l'eau purifiée. Le résultat est ensuite filtré. Du point de vue de leur composition, ils tirent leurs spécificités de leur céréale, graine ou légumineuse d'origine, et côté calories, tournent entre 35 et 60 calories pour 10 cl. Certains, comme le lait d'amande, de châtaigne ou de noisette, sont vendus en poudre, dans des boîtes. Il suffit de la délayer avec de l'eau pour reconstituer le volume souhaité. Bien pratique quand on a seulement besoin d'une petite quantité.

Prix moyen : 2 à 3,50 euros le litre.

• Le lait d'amande

Sa saveur douce et délicatement parfumée le destine surtout aux préparations sucrées (entremets, crêpe, clafoutis, milk-shake...). Mention particulière aux crèmes pâtissières, nature ou parfumées au chocolat. En termes de composition, il ne contient presque pas de protéines mais pas mal de fibres : 1,5 g environ pour 10 cl. Regardez attentivement la composition nutritionnelle : certains laits d'amande sont « allégés » et ne contiennent quasiment aucun gras, d'autres sont vraiment plus riches. Si vous êtes au régime, l'info peut servir.

• **Le lait de châtaigne**
Le lait « gourmand » par excellence, avec une saveur douce mais bien reconnaissable. Délicieux au petit déjeuner avec les céréales, pour une crème anglaise à servir avec un moelleux au chocolat, dans des crêpes, des clafoutis… Il est également riche en fibres.

• **Le lait de coco**
Il pourrait être rangé dans la catégorie des « crèmes ». C'est en effet le lait le plus onctueux et épais, le plus gourmand… mais aussi le plus gras. Extrait de la pulpe de la noix, râpée puis pressée, ou bien infusée et filtrée, il ne se boit pas tel quel mais s'utilise en cuisine. Il donne de l'épaisseur aux entremets (riz au lait, crème renversée, flan…) et une note exotique aux plats mijotés à base de poulet, poisson, crevettes… Côté calories, il en apporte entre 170 et 210, c'est-à-dire à peu près autant que de la crème à 15 %, de la crème de riz ou certaines crèmes de soja.

• **Le lait de noisette**
Une saveur délicate, parfaite pour le petit déjeuner, mais aussi pour les recettes d'entremets sucrés, type crêpe, riz au lait ou milk-shake. Côté salé, il donne un côté raffiné aux potages de potiron ou de carottes.

• **Le lait de riz**
Avec son goût tout doux et sa consistance très légère, il est parfait dans les recettes d'entremets (riz au lait, crème pâtissière, crème renversée…) En revanche, il ne renferme presque pas de protéines.

• **Le lait de quinoa**
Bon pourvoyeur de protéines et de gras insaturés, il s'utilise pour préparer des crêpes, des entremets, des boissons chocolatées et tout simplement au petit

déjeuner, avec les céréales. Il est un peu plus « épais » et velouté.

• **Le lait de soja**
Son point fort : il est aussi riche en protéines que le lait de vache. Il contient aussi beaucoup de « bons gras » (des acides gras polyinsaturés), ainsi que des vitamines et des minéraux. À noter : sa richesse en phyto-œstrogènes, qui l'empêche d'être donné à de jeunes enfants de façon exclusive. Mais une fois de temps en temps dans des crêpes, aucun souci ! Avec sa texture proche de celle du lait de vache, il convient à toutes les recettes, aussi bien salées que sucrées, et il est parfait pour réaliser des yaourts maison. N'hésitez pas à goûter les références de plusieurs marques : leurs saveurs peuvent être très différentes. On le trouve aussi en versions aromatisées à la vanille, au chocolat… Idéales pour le petit déjeuner ou les recettes sucrées.

Anne, 36 ans, esthéticienne

« Je n'ai jamais aimé le lait de vache, surtout nature. Boire un verre de lait tel quel, même en milk-shake à la menthe ou à la fraise, c'est impossible : je digère mal, je n'aime pas la sensation "de gras" qui reste en bouche après… En revanche, j'adore les entremets : riz au lait, semoule, flan… Là, pas de problème. J'aime aussi les yaourts (un peu moins le fromage blanc, là encore il y a un goût qui me déplaît).
Pour le petit déjeuner, depuis que j'ai découvert les laits végétaux, plus moyen de m'en passer ! Ils me plaisent pour leur légèreté, leur digestibilité et leur goût, surtout le lait d'amande qui est mon favori. »

Margarines végétales

L'alternative au beurre en pâtisserie, notamment dans les recettes qui obligent à travailler celui-ci avec du sucre ou de la farine (pâte à tarte, cookies, sablés...). Choisissez bien sûr des margarines végétales réalisées à partir d'huiles non hydrogénées (l'emballage doit le préciser, sinon, reposez le produit), spéciales cuisson, et, autant que possible, faites à partir d'huiles de colza, riches en oméga 3. Regardez bien les compositions et, mieux, achetez-les bio. Une référence qu'on trouve désormais aussi en grandes surfaces !

Purées d'oléagineux (noisette, amande...)

Énergétiques (650 calories pour 100 g), elles sont fabriquées à partir d'oléagineux broyés. Leur point fort : une richesse en nutriments colossale. Voici les trois plus courantes, mais sachez qu'on trouve aussi des purées de pistaches, de noix de cajou, de cacahuètes...

- **La purée d'amandes**

On la trouve dans sa version « blanche » et dans sa version « complète », à la saveur plus marquée. Concentré de nutriments, elle contient des protéines, des lipides polyinsaturés, des fibres, du calcium, du magnésium (255 mg pour 100 g, une quantité énorme quand on sait que nos besoins sont de l'ordre de 300 mg par jour !) et de la vitamine E à gogo. Délicieuse sur des tartines avec un filet de miel liquide, elle remplace aussi allégrement le beurre dans les gâteaux, tout en leur donnant un parfum d'amande et beaucoup de moelleux.

Prix moyen : 6 euros les 300 g.

• La purée de noisettes

Un peu moins riche en protéines, en calcium et en magnésium que la purée d'amandes… mais tout en restant une délicieuse source de nutriments ! Comme la purée d'amandes, elle remplace le beurre dans les gâteaux ou en tartines. On peut aussi s'en servir comme base de vinaigrette.

Une recette express de pâte à tartiner : $^1/_3$ de purée de noisettes, $^1/_3$ de chocolat noir fondu et $^1/_3$ de miel. Mélangez le tout dans la casserole qui aura servi à faire fondre le chocolat, ajoutez une pincée de vanille en poudre, versez dans un pot et laissez refroidir. Miam ! Sinon, ses meilleurs compagnons : le chocolat, le miel, les poires, les raisins secs, les châtaignes…

Prix moyen : 6 euros les 300 g.

• La purée de sésame

Hyperriche en protéines, gras polyinsaturés, magnésium (331 mg pour 100 g !), en fibres et en fer, elle se cuisine plus volontiers dans des recettes salées. Un délice en remplacement du beurre dans des biscuits salés ou sur des tartines, comme « dip », mélangé avec du jus de citron, pour tremper des bâtons de légumes crus, ou pour donner du goût (1 cuillère à soupe) à une purée de pois chiches, un caviar d'aubergines (chair cuite et mixée avec ail et jus de citron), un wok (légumes, poulet…), de simples purées de pommes de terre ou de carottes… Vous la trouverez aussi sous le nom de « tahin » chez les épiciers orientaux.

Prix moyen : 3 euros les 200 g.

Tofu soyeux

Si le tofu en bloc se coupe au couteau, le tofu soyeux possède une texture proche de celle d'un yaourt ou d'un flan. Mélangé à des œufs, il s'incorpore dans des pâtes à gâteaux, des clafoutis, des flans… auxquels il apporte à la fois une certaine épaisseur mais aussi du fondant. Ceci permet, selon les recettes, de se passer de beurre ou de farine. Il remplace aussi la crème dans des garnitures de quiches, se mixe avec des aromates pour faire des sauces dans lesquelles on trempe des bâtonnets de crudités…

Une idée de dessert express ? Mixez la même quantité de tofu soyeux et de fruits (fruits rouges, mangue, poire bien mûre, banane…), sucrez avec un peu de sirop ou de miel et réservez 4 heures au frais. Facile et léger !

Prix moyen : 2,50 euros les 400 g.

Partie III

100 recettes sans gluten (et sans lactose)

1.

Apéritif et entrées

Cake à la marocaine

Préparation : 15 minutes
Cuisson : 45 minutes

Pour 1 cake :

100 g de farine de pois chiche, 100 g de farine de riz, 1 sachet de levure chimique sans gluten, 3 œufs, 6 c. à s. d'huile d'olive, 10 cl de lait de riz, 50 g de parmesan râpé, 100 g d'olives vertes dénoyautées, 2 c. à c. de graines de cumin, sel, poivre

Préchauffez le four th. 7 (210 °C). Cassez les œufs dans un saladier. Battez-les en omelette avec l'huile et le lait. Salez, poivrez, ajoutez le parmesan râpé et les farines mélangées avec la levure.

Incorporez les graines de cumin et les olives.

Versez dans un moule à cake huilé et faites cuire 45 minutes environ.

Encore plus gourmand !

Quittez le Maroc pour la Grèce et ajoutez des dés de feta à la pâte. Pour une version « zéro produit laitier », supprimez le parmesan.

Cake à l'espagnole

Préparation : 15 minutes
Cuisson : 40 minutes

Pour 1 cake :

100 g de farine de maïs, 100 g de farine de riz, 1 sachet de levure chimique sans gluten, 3 œufs, 50 g de parmesan râpé, 6 c. à s. d'huile d'olive, 10 cl de lait de riz, 100 g de chorizo en fines tranches, sel, poivre

Préchauffez le four th. 7 (210 °C). À l'aide d'une paire de ciseaux, recoupez les tranches de chorizo en lanières de 2 cm de large.

Cassez les œufs dans un saladier, battez-les en omelette puis ajoutez l'huile et le lait. Salez, poivrez, puis incorporez le parmesan râpé et les farines mélangées avec la levure. Ajoutez enfin le chorizo.

Versez la préparation dans un moule à cake huilé puis faites cuire 40 minutes environ.

Encore plus gourmand !

Ajoutez à la pâte des tomates séchées à l'huile, égouttées et coupées en dés. Pour une version « zéro produit laitier », supprimez le parmesan.

Cake au jambon blanc

Préparation : 15 minutes
Cuisson : 45 minutes

Pour 1 cake :

200 g de farine de riz, 1 sachet de levure chimique sans gluten, 3 œufs, 6 ç. à s. d'huile d'olive, 10 cl de lait de riz, 100 g de gruyère râpé, 100 g de dés de jambon blanc, 50 g d'olives vertes dénoyautées, sel, poivre

Préchauffez le four th. 7 (210 °C). Cassez les œufs dans un saladier. Battez-les en omelette avec l'huile, le lait, du sel et du poivre.

Ajoutez la farine et la levure, mélangez, puis incorporez le gruyère râpé, les dés de jambon et les olives vertes.

Versez dans un moule à cake huilé et faites cuire 45 minutes environ.

Encore plus gourmand !

En ajoutant à la pâte une petite boîte de concentré de tomate (80 g), pour la teinter d'une appétissante couleur rouge. Pour une version « zéro produit laitier », supprimez le gruyère.

Cake breton

Préparation : 15 minutes
Cuisson : 40 minutes environ

Pour 1 cake :

100 g de farine de sarrasin, 100 g de farine de riz, 1 sachet de levure chimique sans gluten, 3 œufs, 6 c. à s. d'huile d'olive, 10 cl de lait de riz, 100 g de noix de pétoncles ou de petites noix de Saint-Jacques, sel, poivre

Préchauffez le four th. 7 (210 °C). Décongelez les noix de pétoncles ou de Saint-Jacques selon les indications de l'emballage (5 minutes environ à la casserole, un peu moins au micro-ondes).

Cassez les œufs dans un saladier et battez-les en omelette avec le lait et l'huile. Salez, poivrez puis incorporez les farines mélangées avec la levure, et enfin les noix de pétoncles.

Versez dans un moule à cake huilé et faites cuire 40 minutes environ.

Encore plus gourmand !

Vous pouvez aussi utiliser 200 g de farine de sarrasin. Dans ce cas, la saveur du cake est vraiment très typée. Mais les amateurs adorent !

Cake nordique

Préparation : 15 minutes
Cuisson : 40 minutes environ

Pour 1 cake :

200 g de farine de riz, 1 sachet de levure chimique sans gluten, 3 œufs, 6 c. à s. d'huile d'olive, 10 cl de lait de riz, 100 g de lanières de saumon fumé, poivre

Préchauffez le four th. 7 (210 °C). Cassez les œufs dans un saladier et battez-les en omelette avec le lait et l'huile. Poivrez, incorporez la farine mélangée avec la levure puis les lanières de saumon fumé.

Versez dans un moule à cake et faites cuire 40 minutes environ.

Encore plus gourmand !

Choisissez des « lardons » de saumon fumé, qui seront bien moelleux. Et aromatisez la pâte avec un peu d'aneth ciselé.

Cake Regina

Préparation : 15 minutes
Cuisson : 40 minutes

Pour 1 cake :

200 g de farine de riz, 1 sachet de levure chimique sans gluten, 3 œufs, 1 c. à s. bombée de pesto, 10 cl de lait de riz, 5 c. à s. d'huile d'olive, 100 g de tomme de chèvre en dés, 50 g de tomates séchées à l'huile d'olive, sel, poivre

Préchauffez le four th. 7 (210 °C). À l'aide d'une paire de ciseaux, coupez les tomates séchées en dés. Cassez les œufs dans un saladier, battez-les en omelette avec le pesto, l'huile et le lait. Salez, poivrez.

Ajoutez la farine et la levure, mélangez, puis incorporez les dés de fromage et de tomates séchées. Versez dans un moule à cake huilé et faites cuire 40 minutes environ.

Encore plus gourmand !

Pour une version « zéro produit laitier », supprimez la tomme de chèvre. Vous pouvez aussi ajouter quelques pignons de pin.

CANAPÉS DE POLENTA

Préparation : 10 minutes
Cuisson : 5 minutes
Réfrigération : 2 heures

Pour 20 à 30 petits canapés :

250 g de polenta, huile d'olive, sel, poivre

Portez 1 litre d'eau à ébullition dans une casserole puis baissez le feu. Versez la polenta en pluie et faites cuire pendant 5 minutes en remuant à l'aide d'une cuillère. Salez et poivrez.

Versez dans un grand plat rectangulaire huilé ou sur une plaque à pâtisserie munie de rebords, sur une hauteur de 1 cm environ. Lissez la surface et faites prendre 2 heures minimum au frais. À l'aide d'un emporte-pièce ou d'un petit verre retourné, découpez des formes rondes. Ou bien des carrés, à l'aide d'un couteau.

Garnissez les canapés avec la garniture de votre choix : lamelles de magret fumé et lanière d'abricot sec, tranche de comté, jambon de Parme, chutney d'oignons et copeau de foie gras, tapenade avec tomates cerise et câpres, pesto, miettes de fromage frais à la ciboulette et dés de saumon fumé…

Encore plus gourmand !

Personnalisez la polenta avec des herbes de Provence, des grains de cumin, du safran… Pour la quantité d'eau, suivez les indications du paquet. Elle peut varier selon la marque et la capacité d'absorption de la polenta, et aller jusqu'à 1,25 litre.

Crackers au sésame et à l'amarante

Préparation : 15 minutes
Cuisson : 10 à 15 minutes

Pour une quinzaine de biscuits :

100 g de farine d'amarante, 1 c. à c. rase de bicarbonate de soude, 1 c. à s. de graines de sésame, 3 c. à s. d'huile d'olive, sel

Dans un saladier, mélangez la farine, le bicarbonate, le sésame et une grosse pincée de sel. Creusez un puits, versez l'huile et, si besoin, à peine d'eau (juste ce qu'il faut pour obtenir une boule lisse et homogène).

Préchauffez le four th. 6 (180 °C).

Étalez la pâte sur un plan de travail fariné et découpez des formes à l'aide d'emporte-pièce. Déposez-les sur une feuille de papier sulfurisé huilée et faites cuire 10 à 15 minutes environ, jusqu'à ce que les crackers soient dorés.

Encore plus gourmand !

Selon vos goûts, vous pouvez aromatiser ces crackers au curry, aux herbes de Provence, aux graines de pavot ou de cumin... Servez en apéritif avec des rillettes de sardines, de la purée de pois chiches...

ROULEAUX DE PRINTEMPS

Préparation : 30 minutes
Sans cuisson

Pour 12 rouleaux :

12 feuilles de riz, 100 g de vermicelles de riz cuits et refroidis, 100 g de blanc de poulet cuit et froid, 12 grosses crevettes cuites et décortiquées, 1 carotte, 1 poignée de germes de soja frais, feuilles de menthe fraîche, feuilles de laitue, sauce pour nems

Épluchez la carotte et râpez-la. Détaillez le poulet en très fins bâtonnets, presque de la taille d'allumettes. Coupez les crevettes en deux dans le sens de la longueur.

Réhydratez une feuille de riz en la trempant quelques instants dans de l'eau. Déposez-la sur un torchon humide, disposez deux moitiés de crevettes au milieu, peau vers la feuille de riz, puis recouvrez d'une demi-feuille de laitue. Ajoutez quelques feuilles de menthe, un peu de vermicelles de riz, du poulet, de la carotte, des germes de soja, puis roulez la feuille de riz en rabattant les côtés pour enfermer la garniture. Placez au réfrigérateur le temps de préparer les autres rouleaux.

Servez les rouleaux avec des feuilles de salade, de menthe, et la sauce.

Encore plus gourmand !

Pour faire la sauce vous-même, diluez de la sauce nuoc-mâm avec de l'eau et du vinaigre de riz (ou du jus de citron), ajoutez un peu d'ail pressé et de carotte râpée. Goûtez pour affiner l'assaisonnement et faire votre sauce sur mesure. Si vous aimez et n'êtes pas allergique, saupoudrez des cacahuètes pilées sur la garniture des rouleaux avant de les refermer. Enfin, ne rangez pas les rouleaux les uns contre les autres : ils colleraient entre eux et risqueraient de se déchirer.

Tofu-naise (ou tartinade pour sandwich, ou dip pour crudités)

Préparation : 5 minutes
Sans cuisson

Pour 1 bol :

200 g de tofu soyeux, ¼ de poivron rouge, 1 cornichon à la russe, 1 échalote, 1 c. à s. de ciboulette ciselée, 2 c. à s. de crème de soja, sel, poivre

Travaillez le tofu à la fourchette dans un saladier avec du sel, du poivre et la crème de soja. Battez bien.

Détaillez le poivron en tout petits dés ainsi que le cornichon. Pelez et hachez l'échalote.

Ajoutez les légumes à la préparation ainsi que la ciboulette, mélangez une dernière fois et réservez au frais jusqu'au moment d'utiliser.

Encore plus gourmand !

Cette tartinade remplace allègrement la mayonnaise dans les sandwichs et peut aussi se servir comme dip apéritif, avec des bâtonnets de légumes.

2.

Pains et müeslis

MÜESLI CROUSTILLANT AUX FRUITS

Préparation : 5 minutes
Cuisson : 5 minutes

Pour 1 bocal de müesli :

200 g de flocons de riz, 200 g de flocons de soja, 50 g de noisettes, 50 g d'amandes effilées, 50 g d'amarante soufflée, 50 g de raisins secs, 50 g de cranberries séchées, 20 g de rapadura (sucre de canne complet)

Mélangez les flocons de riz et de soja avec les noisettes et les amandes effilées. Versez dans une poêle antiadhésive chaude et faites dorer 5 minutes, en remuant régulièrement avec une cuillère en bois.

Versez dans un plat, laissez refroidir. Ajoutez l'amarante soufflée, les raisins et les cranberries puis le sucre. Mélangez et conservez dans un pot en verre.

Encore plus gourmand !

Selon vos goûts, remplacez les noisettes par des noix ou des pistaches. Servez dans du lait de soja, nature ou vanillé.

Müesli gourmand coco-chocolat

Préparation : 5 minutes
Cuisson : 5 minutes

Pour 1 bocal de müesli :

150 g de flocons de riz, 150 g de flocons de quinoa, 50 g de noix de coco râpée, 20 g de rapadura (sucre de canne complet), 75 g de chocolat noir (sans gluten)

Mélangez les flocons de riz et de quinoa avec la noix de coco râpée. Versez dans une poêle antiadhésive chaude et faites dorer 5 minutes, en remuant régulièrement avec une cuillère en bois.

Versez dans un plat, laissez refroidir. Pendant ce temps, cassez le chocolat en petits dés à l'aide d'un couteau. Ajoutez aux flocons ainsi que le sucre, mélangez et conservez dans un pot en verre.

Encore plus gourmand !

Délicieux dans un bol de lait de riz ou sur une compote de poires ! Selon vos goûts, vous pouvez utiliser de la noix de coco râpée ou bien de la noix de coco en copeaux.

MÜESLI DES BOIS

Préparation : 5 minutes
Cuisson : 5 minutes

Pour 1 bocal de müesli :

150 g de flocons de riz, 150 g de flocons de châtaignes, 50 g de noisettes, 100 g de pommes séchées, 50 g de quinoa soufflé, 20 g de rapadura (sucre de canne complet), 50 g de raisins secs

Mélangez les flocons de riz et de châtaignes avec les noisettes. Versez dans une poêle antiadhésive chaude et faites dorer 5 minutes, en remuant régulièrement avec une cuillère en bois.

Versez dans un plat, laissez refroidir. Pendant ce temps, coupez les pommes séchées en petits morceaux à l'aide d'une paire de ciseaux. Ajoutez-les aux flocons ainsi que le quinoa soufflé, le sucre et les raisins secs. Mélangez et conservez dans un pot en verre.

Encore plus gourmand !

Mmh ! La saveur des flocons de châtaignes ! N'hésitez pas à ajouter des dés de figues sèches dans ce müesli, les saveurs se marient vraiment bien.

Pain aux graines (spécial entrées)

Préparation : 5 minutes
Cuisson : 30 minutes

Pour 1 pain :

200 g de farine de riz, 1 sachet de levure chimique sans gluten, 25 cl de crème de riz (liquide), 3 c. à s. de lait de riz, 4 c. à s. d'huile de sésame, 2 c. à s. de graines de lin doré, 2 c. à s. de graines de tournesol décortiquées, 1 c. à c. de graines de pavot, 2 œufs, sel

Préchauffez le four th. 7 (210 °C). Cassez les œufs dans un saladier, battez-les en omelette avec du sel, la crème et le lait puis l'huile de sésame. Incorporez ensuite la farine de riz et la levure chimique, puis les graines.

Versez la pâte dans un moule à cake huilé et faites cuire 30 minutes environ.

Encore plus gourmand !

Un pain idéal à servir en accompagnement d'un assortiment de jambons, d'un pâté, de rillettes de poisson ou de saumon fumé.

Pain blanc en MAP*

Préparation : 1 minute
Cuisson : 3 heures à 3 h 30

Pour 1 pain :

35 cl d'eau, 1 c. à s. rase de sel fin, 2 c. à s. d'huile d'olive, 7 g de levure de boulanger déshydratée (8 g), 350 g de mélange de farine sans gluten du commerce

Versez les ingrédients dans le bac de la machine à pain selon l'ordre donné par la liste des ingrédients. Faites bien attention à mettre la levure en final, afin d'éviter qu'elle ne chauffe.

Lancez le programme de base (généralement celui de 3 heures à 3 heures et demie).

Encore plus gourmand !

Géniale, la machine à pain ! On y verse les ingrédients, et c'est elle qui pétrit, fait lever et cuit le pain selon le programme qu'on lui a donné. Mais pour un résultat moelleux et bien levé, préférez plutôt un mélange de farines « spécial pains » du commerce.

* *Machine à pain.*

Pain multicéréales

Préparation : 10 minutes
Repos : 30 minutes
Cuisson : 45 minutes

Pour 1 pain :

150 g de farine de riz, 150 g de farine de sarrasin, 100 g de farine de manioc, 50 g de farine de quinoa, 1 sachet de levure de boulanger déshydratée (8 g), 1 c. à c. rase de sel, eau, huile pour le moule

Préchauffez le four th. 6 (180 °C). Versez dans un saladier les farines, la levure, le sel et ajoutez un verre d'eau (20 cl environ) puis mélangez de façon à obtenir une pâte homogène. Elle ne doit pas former une boule lisse et non collante, mais plutôt ressembler à une pâte à cake.

Versez dans un moule à manqué huilé et faites reposer 30 minutes, le temps que la pâte double de volume.

Enfournez pour 45 minutes environ.

Encore plus gourmand !

Grâce à son mélange de farines, ce pain offre une saveur originale et savoureuse. N'hésitez pas à ajouter des graines de tournesol, de lin... Mais faites-le cuire dans un moule à manqué : bien étalée, la pâte pourra lever facilement. Indispensable pour que la mie soit aussi aérée que possible. Il suffit ensuite de couper ce pain en carrés.

Pain riz-maïs (spécial petit déj)

Préparation : 5 minutes
Cuisson : 25 à 30 minutes

Pour 1 pain :

125 g de farine de riz, 125 g de farine de maïs, 1 sachet de levure chimique sans gluten, ½ c. à c. de gomme de guar, 50 g de sucre, 50 g de beurre, 20 cl de lait de riz, 2 œufs, 1 c. à c. rase de sel, huile pour le moule

Préchauffez le four th. 7 (210 °C). Versez les farines dans un saladier. Ajoutez la levure chimique, la gomme de guar, le sucre et le sel.

Faites fondre le beurre dans une petite casserole sur feu très doux. Dès qu'il est fondu, ôtez du feu. Ajoutez le lait et mélangez.

Cassez les œufs dans un bol, battez-les à la fourchette et ajoutez-les au mélange beurre-lait. Versez cette préparation dans le saladier, tout en mélangeant. La pâte doit ressembler à celle d'un cake.

Versez dans un moule à cake huilé et faites cuire 25 à 30 minutes.

Encore plus gourmand !

La gomme de guar sert à donner du moelleux. Achetez-la sur un site spécialisé ou en magasin bio. Légèrement sucré, ce pain se rapproche de la saveur d'un pain de mie brioché. Parfait donc pour le petit déjeuner, avec du beurre et de la confiture.

3.

Garnitures et plats complets

CROQUETTES DE COURGETTES

Préparation : 5 minutes
Cuisson : 15 minutes
Repos : 30 minutes

Pour 4 personnes :

500 g de courgettes, 2 œufs, 4 c. à s. de crème de soja, 100 g de flocons de quinoa, 1 gousse d'ail, 1 c. à s. de graines de sésame, 2 c. à s. d'huile d'olive, sel, poivre

Rincez et séchez les courgettes, ôtez les extrémités, râpez-les et pressez-les pour bien les égoutter. Pelez et hachez la gousse d'ail.

Cassez les œufs dans un saladier, battez-les en omelette avec la crème de soja, les flocons de quinoa, l'ail, les graines de sésame, du sel et du poivre. Incorporez les courgettes râpées et bien égouttées puis laissez gonfler 30 minutes environ.

Chauffez l'huile dans une poêle antiadhésive, déposez de petits tas de pâte et faites-les cuire 4 à 5 minutes sur feu doux, en les aplatissant légèrement à l'aide d'une spatule pour leur donner la forme de croquettes. Retournez et faites cuire l'autre face. Procédez ainsi jusqu'à épuisement de la pâte.

Encore plus gourmand !

N'hésitez pas à râper les courgettes quelques heures à l'avance, surtout si elles sont toutes fraîches : elles auront ainsi le temps de bien rendre leur eau. Servez les croquettes toutes chaudes avec une salade verte, et une sauce tomate un peu épaisse.

Croquettes de poisson

Préparation : 10 minutes
Cuisson : 8 à 10 + 6 minutes environ

Pour 12 croquettes :

400 g de cabillaud, 1 grosse pomme de terre cuite, 1 oignon, 1 œuf, 4 c. à s. de persil ciselé, 5 petits pains suédois ou biscottes sans gluten, 2 c. à s. d'huile d'olive, sel, poivre

Faites cuire le cabillaud à la vapeur 8 à 10 minutes. Pendant ce temps, pelez et coupez la pomme de terre en morceaux. Épluchez l'oignon et coupez-le en quartiers. Quand le poisson est cuit, mettez-le dans le bol d'un mixeur avec la pomme de terre, l'oignon, l'œuf, le persil, du sel et du poivre.

Mixez finement. Formez des boulettes à l'aide d'une cuillère et aplatissez-les légèrement. Écrasez les pains suédois ou les biscottes en chapelure (mettez-les dans un sac de congélation et écrasez-les à l'aide d'un rouleau à pâtisserie). Passez les croquettes dans la chapelure.

Chauffez l'huile dans une poêle et faites cuire les croquettes 3 minutes environ de chaque côté, le temps de les faire dorer. Réservez dans un plat au four le temps de faire cuire toutes les croquettes.

Encore plus gourmand !

N'oubliez pas les quartiers de citron pour accompagner ! Pour des adultes, vous pouvez ajouter une petite touche orientale en ajoutant ½ c. à c. de cumin en poudre ou ½ c. à c. de harissa. Selon vos envies, vous pouvez remplacer le cabillaud par du saumon ou même faire moitié-moitié.

Croquettes de quinoa

Préparation : 10 minutes
Cuisson : 15 + 10 minutes environ

Pour une dizaine de croquettes :

150 g de quinoa, 1 c. à s. de Maïzena, 2 œufs, 50 g de parmesan râpé, 3 c. à s. de ciboulette ciselée, 4 c. à s. d'huile d'olive, sel, poivre

Faites cuire le quinoa 15 minutes environ dans deux fois son volume d'eau salée. Cassez les œufs dans un saladier, battez-les en omelette avec la Maïzena, le parmesan, la ciboulette, du sel et du poivre, puis ajoutez le quinoa égoutté.

Chauffez l'huile dans une poêle antiadhésive. Formez de petites croquettes et faites-les cuire 5 minutes de chaque côté.

Servez chaud, avec une salade de roquette et une sauce tomate.

Encore plus gourmand !

Variez la recette en ajoutant quelques rondelles d'olives vertes. Pour une version « zéro produit laitier », supprimez le parmesan et ajoutez 1 c. à c. de Maïzena.

CRUMBLE CAROTTES CÉLERI EXPRESS

Préparation : 5 minutes
Cuisson : 15 + 10 minutes

Pour 4 personnes :

3 carottes, 300 g de céleri-rave, 10 cl de crème de soja, 5 galettes de riz soufflé (ou maïs), 40 g de parmesan râpé, 1 c. à c. de thym, sel, poivre

Pelez les carottes et le céleri-rave. Détaillez les carottes en rondelles et le céleri en petits cubes. Faites cuire à la vapeur 15 minutes, mettez dans un saladier puis mélangez avec la crème de soja, le thym, du sel et du poivre. Étalez dans un plat à four.

Préchauffez le four th. 7 (210 °C). Émiettez les galettes de riz et mélangez-les avec le parmesan. Répartissez sur les légumes et faites gratiner 10 minutes.

Servez avec une salade verte.

Encore plus gourmand !

À la place des galettes de riz soufflé, vous pouvez aussi utiliser des pains suédois sans gluten, écrasés en grosses miettes. Pour une version « zéro produit laitier », remplacez le parmesan par des amandes effilées : elles apportent de la saveur et une note croquante au crumble.

Endives à la béchamel

Préparation : 10 minutes
Cuisson : 10 à 15 + 10 minutes

Pour 4 personnes :

8 petites endives, 5 c. à s. rases de Maïzena, 40 cl de lait de riz, 1 pincée de muscade, 50 g de gruyère râpé, sel, poivre

Faites cuire les endives à la vapeur pendant 10 à 15 minutes. Égouttez en les pressant pour ôter le maximum d'eau.

Préchauffez le four th. 7 (210 °C). Délayez la Maïzena avec un peu de lait froid dans un grand saladier. Portez le reste de lait à ébullition. Dès qu'il frémit, versez sur le mélange à la Maïzena tout en fouettant. Reversez dans la casserole et faites épaissir sur feu doux sans cesser de remuer. Quand la sauce a pris la texture souhaitée, ôtez du feu, salez, poivrez et parfumez de muscade.

Rangez les endives dans un plat à gratin, nappez de sauce et saupoudrez de fromage râpé. Faites gratiner 10 minutes environ.

Encore plus gourmand !

Servez avec une salade verte bien vinaigrée. Pour une version « zéro produit laitier », remplacez le gruyère râpé par des noisettes concassées, parsemées sur le gratin avant de l'enfourner. Vous pouvez bien sûr transformer la recette en plat complet, en enroulant chaque endive dans une demi-tranche de jambon blanc.

FLANS DE COURGETTES À LA POLENTA

Préparation : 15 minutes
Cuisson : 25 minutes

Pour 8 ramequins :

2 courgettes, 100 g de polenta, 2 œufs, 100 g de feta, 1 c. à s. d'huile d'olive, ½ c. à c. de thym, sel, poivre

Préchauffez le four th. 6 (180 °C). Râpez les courgettes sur une grille à gros trous. Chauffez l'huile dans une poêle et faites dorer les courgettes. Salez, poivrez et parsemez de thym puis ôtez du feu.

Portez 50 cl d'eau salée à ébullition. Dès qu'elle bout, baissez le feu et versez la polenta en pluie en mélangeant. Laissez cuire en remuant jusqu'à ce qu'elle épaississe (3 minutes environ) puis ôtez du feu (inutile de la cuire complètement). Coupez la feta en dés et ajoutez-la à la préparation ainsi que les œufs battus et les courgettes.

Huilez des ramequins ou des moules à muffins. Garnissez-les avec la préparation puis faites cuire 25 minutes environ.

Encore plus gourmand !

Servez chaud avec une salade de tomates. Pour une version « zéro produit laitier », remplacez la feta par des dés de tomates séchées ou quelques olives noires dénoyautées.

Frites de polenta

Préparation : 5 minutes
Cuisson : 10 à 15 minutes
Réfrigération : 2 heures

Pour 4 personnes :

250 g de polenta, ½ c. à c. de sel, huile d'olive, poivre

Portez 1 litre d'eau à ébullition dans une casserole puis baissez le feu. Versez la polenta en pluie et faites cuire pendant 5 minutes en remuant à l'aide d'une cuillère. Salez et poivrez.

Versez dans un grand plat rectangulaire huilé (ou deux) ou sur une plaque à pâtisserie avec des rebords, sur une hauteur de 1 cm environ. Lissez la surface et faites prendre 2 heures minimum au frais. Coupez en bâtonnets de 6 cm de long environ et 1 cm de large.

Chauffez de l'huile dans une poêle et faites dorer les frites sur feu vif en procédant en plusieurs fois.

Encore plus gourmand !

Pour la quantité d'eau, suivez les indications du paquet. Elle peut varier selon la marque et la capacité d'absorption de la polenta, et aller jusqu'à 1,25 litre. Selon vos goûts, saupoudrez d'herbes de Provence, de piment de Cayenne, de thym… au moment de servir.

Gnocchis sans gluten

Préparation : 15 minutes
Cuisson : 15 à 20 minutes + 15 minutes

Pour 6 personnes :

1 kg de pommes de terre (Bintje), 350 g de farine de riz, 1 œuf, sel

Faites cuire les pommes de terre non pelées à l'eau bouillante salée pendant 15 à 20 minutes selon leur taille. Égouttez puis pelez-les et écrasez-les en purée. Mélangez avec l'œuf, salez, puis ajoutez peu à peu la farine en mélangeant avec une cuillère en bois, jusqu'à obtenir une pâte lisse et non collante.

Farinez-vous les mains puis façonnez la pâte en boudins de 1 cm environ d'épaisseur. Coupez-les en tronçons de 2 cm.

Roulez-les sur le plan de travail fariné pour leur donner une forme ovale et aplatissez-les légèrement avec les dents d'une fourchette pour les strier.

Pour les cuire, plongez-les en plusieurs fois dans une cocotte d'eau bouillante salée et sortez-les à l'aide d'une écumoire lorsqu'ils remontent à la surface. Égouttez.

Encore plus gourmand !

Servez ces gnocchis poêlés dans un peu d'huile de façon à les faire dorer légèrement et croustiller, ou bien nappez-les d'une sauce tomate ou d'un coulis de potiron assez épais (allongez une purée de potiron avec un peu de lait de noisette) et des noisettes concassées.

GRATIN D'ÉPINARDS À LA BÉCHAMEL ET AUX ŒUFS DURS

Préparation : 10 minutes
Cuisson : 10 + 10 minutes

Pour 4 personnes :

1 kg d'épinards en branches (surgelés), 4 œufs durs, 50 cl de lait de soja, 60 g de Maïzena, 1 c. à c. de curry, 3 petits pains suédois ou biscottes sans gluten, sel, poivre

Faites décongeler les épinards selon les indications données sur le paquet (10 minutes environ à la casserole) puis égouttez-les.

Préchauffez le four th. 7 (210 °C). Délayez la Maïzena avec un peu de lait froid dans un grand saladier. Portez le reste de lait à ébullition. Dès qu'il frémit, versez sur le mélange à la Maïzena tout en fouettant. Reversez dans la casserole et faites épaissir sur feu doux sans cesser de remuer. Quand la sauce a pris la texture souhaitée, ôtez du feu, salez, poivrez. Ajoutez le curry puis les épinards et versez dans un plat à gratin.

Mettez les pains suédois ou les biscottes dans un sachet en plastique (sac de congélation) et réduisez-les en chapelure à l'aide d'un rouleau à pâtisserie.

Écalez les œufs durs et coupez-les en deux. Disposez-les sur les épinards, jaune vers le haut. Saupoudrez de chapelure et faites gratiner 10 minutes au four.

Encore plus gourmand !

Parfumez la béchamel avec un peu de muscade en poudre.

Soufflé de millet au thon

Préparation : 15 minutes
Cuisson : 20 + 30 minutes environ

Pour 4 personnes :

100 g de millet, 60 cl de lait de soja, 200 g de thon au naturel, 10 cl de crème de soja, 2 c. à s. d'huile d'olive, 80 g de concentré de tomate (1 petite boîte), 4 œufs, sel, poivre

Portez le lait à ébullition. Versez le millet en pluie, salez et poivrez. Laissez cuire 15 à 20 minutes à feu doux en remuant doucement.

Quand le millet est cuit, ajoutez-lui le thon grossièrement émietté, la crème, l'huile d'olive et le concentré de tomate. Salez, poivrez. Préchauffez le four th. 7 (210 °C). Cassez les œufs en séparant les blancs des jaunes. Incorporez les jaunes à la préparation, puis les blancs montés en neige très ferme.

Versez le tout dans un moule à soufflé huilé et faites cuire 30 minutes environ.

Encore plus gourmand !

Servez le soufflé dès la sortie du four, accompagné d'une sauce tomate ou Nantua, et d'une salade verte.

PANISSE EN RATATOUILLE

Préparation : 10 minutes
Cuisson : 10 minutes
Réfrigération : 1 heure

Pour 4 personnes :

800 g de ratatouille surgelée ou en bocal, 250 g de farine de pois chiche, 1 gousse d'ail, 4 c. à s. d'huile d'olive, 2 c. à s. bombées de parmesan râpé, sel, poivre

Versez la farine dans un saladier résistant à la chaleur. Portez 60 cl d'eau salée à ébullition dans une grande casserole. Dès que l'eau frémit, versez peu à peu sur la farine en mélangeant à l'aide d'un fouet, puis reversez dans la casserole et faites cuire sur feu doux en remuant jusqu'à ce que la préparation épaississe. Ajoutez la gousse d'ail pelée et pressée, 2 c. à s. d'huile d'olive, le parmesan, salez et poivrez légèrement. Mélangez, versez dans un plat rectangulaire huilé (ou deux) sur une hauteur de 2 cm environ et laissez refroidir 1 heure au frais.

Chauffez le reste d'huile dans une sauteuse. Coupez la panisse en cubes, faites-les dorer dans l'huile puis ajoutez la ratatouille et laissez mijoter 5 minutes.

Encore plus gourmand !

La panisse peut s'acheter déjà prête en magasins bio, sous forme de boudins qu'il ne reste qu'à trancher. Mais la faire soi-même, c'est encore mieux car il devient possible de l'aromatiser comme vous le souhaitez. Au choix, ajoutez à la pâte ½ c. à c. rase d'épices (cumin, curry, paprika, tandoori...) ou 1 c. à c. bombée de pesto, de concentré de tomate, de tapenade... Pour une version « zéro produit laitier », supprimez le parmesan.

Pâtes aux trois farines

Préparation : 15 minutes
Cuisson : 10 minutes
Séchage : 30 minutes

Pour 4 personnes :

125 g de farine de riz, 40 g de fécule de pomme de terre, ½ c. à c. de gomme de guar, 80 g de farine de tapioca, 2 œufs, sel, huile pour le papier sulfurisé

Mélangez tous les ingrédients pour obtenir une pâte lisse et homogène. Placez la boule entre deux feuilles de papier sulfurisé huilées et étalez-la aussi finement que possible (assez friable, la pâte se déchire facilement. La mettre dans du papier sulfurisé permet de limiter les risques).

Coupez ensuite de fines languettes de pâtes à l'aide d'un couteau ou d'une roulette à pâtisserie selon la forme souhaitée et laissez sécher 30 minutes. Faites cuire 10 minutes environ à l'eau bouillante salée.

Encore plus gourmand !

Préparez ces pâtes avec une sauce tomate, un filet d'huile d'olive et de l'ail pressé, des Saint-Jacques juste poêlées et de l'aneth ciselé ou un trait de crème de soja et de la ciboulette.

Pizza-crêpes de pois chiches

Préparation : 5 minutes
Repos : 30 minutes
Cuisson : 10 + 10 à 15 minutes

Pour 2 pizza-crêpes :

125 g de farine de pois chiche, 15 cl de lait de riz ou de soja, 1 c. à s. d'huile d'olive, ½ c. à c. de bicarbonate de soude, 1 petit bocal de sauce tomate, 10 cl d'eau, 1 boîte de thon à l'huile, olives noires, herbes de Provence, sel, poivre

Délayez la farine avec le lait, l'eau, l'huile, le bicarbonate, du sel et du poivre. Laissez reposer 30 minutes.

Préchauffez le four th. 7 (210 °C).

Huilez et chauffez une poêle antiadhésive sur feu doux. Quand elle commence à chauffer, versez la moitié de la pâte et laissez cuire jusqu'à ce que des bulles commencent à se former à la surface et que la crêpe semble se « tenir ». Glissez-la sur une plaque à pâtisserie recouverte de papier sulfurisé huilé et faites cuire la seconde « pizza-crêpe » de la même façon.

Garnissez-les de sauce tomate, de thon, d'olives noires et d'herbes de Provence et faites gratiner 10 à 15 minutes.

Encore plus gourmand !

Servez ces pizzas avec une salade verte. Côté cuisson, n'essayez pas d'aller trop vite : la pâte étant épaisse, elle doit cuire lentement. Feu doux obligatoire !

Polentartes aux courgettes

Préparation : 20 minutes
Cuisson : 35 minutes

Pour 6 moules à tartelettes :

250 g de polenta, 50 cl de lait demi-écrémé, 40 g de parmesan râpé, 20 cl de crème de soja, 3 courgettes, 2 c. à s. d'huile d'olive, 4 c. à s. de sauce tomate, 1 c. à c. de thym, sel, poivre

Portez le lait à ébullition dans une casserole. Ôtez du feu, ajoutez le sel, la polenta en pluie et remettez sur le feu. Faites cuire en remuant avec une cuillère en bois, jusqu'à ce que la polenta commence à se décoller légèrement des bords de la casserole. Ajoutez alors le parmesan et la crème, poivrez, mélangez et retirez du feu.

Préchauffez le four th. 7 (210 °C). Huilez 6 moules à tartelettes. Mettez un peu de polenta dans chacun et étalez-la bien contre le fond et les bords du moule à l'aide d'une cuillère, en donnant une épaisseur régulière à la pâte. Faites-les cuire 20 minutes environ.

Pendant ce temps, coupez les courgettes en rondelles. Chauffez l'huile dans une sauteuse, faites revenir les courgettes puis ajoutez la sauce tomate et le thym et faites mijoter 10 minutes. Salez, poivrez.

Garnissez les tartelettes avec la préparation et remettez au four 5 minutes.

Encore plus gourmand !

En ajoutant quelques olives noires à la garniture. Pour version « zéro produit laitier », pensez à supprimer le parmesan.

RIZ SAUTÉ AU MAÏS, DINDE ET AMANDES

Préparation : 5 minutes
Cuisson : 20 minutes

o/c

Pour 4 personnes :

200 g de riz basmati, 1 petite boîte de maïs, 400 g d'escalope de dinde, 1 oignon, 100 g d'amandes entières mondées, 2 c. à s. d'huile d'olive, sel, poivre

Faites cuire le riz à l'eau bouillante salée, comme indiqué sur l'emballage (15 minutes environ). Égouttez. Détaillez les escalopes en lanières. Pelez et émincez l'oignon. Chauffez l'huile dans une sauteuse, faites revenir l'oignon, salez, poivrez, puis ajoutez les lanières de dinde et les grains de maïs égouttés. Faites revenir 5 minutes puis ajoutez le riz. Mélangez et ôtez du feu.

Faites griller les amandes à sec dans une poêle anti-adhésive, juste le temps de les faire dorer. Surveillez bien et remuez sans arrêt : elles ne doivent pas noircir.

Ajoutez les amandes dans la sauteuse et mélangez une dernière fois.

Encore plus gourmand !

Rajoutez un poivron rouge coupé en carrés et une bonne pincée de curry.

Quiche au saumon (sur pâte brisée au sarrasin)

Préparation : 20 minutes
Cuisson : 40 minutes
Repos : 30 minutes

Pour un moule de 24 cm de diamètre :

La pâte :
150 g de farine de riz, 100 g de farine de sarrasin, 4 c. à s. d'huile d'olive, 1 pincée de sel

La garniture :
4 œufs, 20 cl de crème de soja, 3 petites tranches de saumon fumé (100 g environ), 4 tomates cocktail, sel, poivre

Mélangez les deux farines et le sel. Mettez sur le plan de travail et creusez un puits. Versez l'huile d'olive et pétrissez rapidement de façon à obtenir un sable grossier. Ajoutez un peu d'eau froide, cuillerée par cuillerée, jusqu'à obtenir une boule de pâte lisse et homogène. Faites-la reposer 30 minutes au frais, enveloppée dans du film étirable.

Farinez la boule, déposez-la sur une feuille de papier sulfurisé (d'une taille un peu supérieure à celle du moule) et recouvrez d'une feuille de film étirable. Étalez au rouleau à pâtisserie, décollez délicatement le film étirable et installez la pâte dans le moule sur la feuille de papier. Farinez-vous les doigts et terminez de repousser la pâte afin qu'elle épouse bien le moule.

→

Préchauffez le four th. 6 (180 °C). Cassez les œufs dans un saladier, battez-les en omelette avec la crème de soja, du sel et du poivre. Ajoutez le saumon fumé coupé en lanières et les tomates cocktail coupées en quatre. Versez sur le fond de pâte et faites cuire 40 minutes environ.

★ Encore plus gourmand !

La saveur du sarrasin fait de cette pâte la complice incontestée des fruits de mer (crevettes, moules, Saint-Jacques, crabe...), des poissons, mais aussi de toutes les garnitures salées : poireaux, tomates... Essayez aussi avec des fruits (abricots et pêches notamment), vous nous en direz des nouvelles !

Salade de lentilles au saumon

Préparation : 10 minutes
Cuisson : 15 minutes

Pour 4 personnes :

250 g de lentilles vertes, 1 oignon blanc, 4 tranches de saumon fumé (150 g environ), 400 g de tomates cocktail, 3 c. à s. de vinaigre balsamique, 2 c. à s. d'huile d'olive

Faites cuire les lentilles 15 minutes à l'eau bouillante. Égouttez et rincez sous un filet d'eau froide. Pelez et émincez l'oignon. Coupez le saumon en lanières.

Fouettez l'huile et le vinaigre, mélangez avec les lentilles, l'oignon, le saumon et les tomates cocktail coupées en deux.

Réservez au frais jusqu'au moment de servir.

Encore plus gourmand !

Essayez cette recette avec des lentilles « beluga ». Étonnante et savoureuse, cette variété de lentilles noires, originaire du Canada, est incroyablement riche en protéines (26 g pour 100 g), en fibres (31 g), en magnésium et en fer. Elle se trouve en grandes surfaces, au rayon bio, sous la marque Jardin Bio ou en magasins bio.

SALADE DE MILLET À LA CHINOISE

Préparation : 10 minutes
Cuisson : 30 minutes

Pour 4 personnes :

250 g de millet, 1 poivron rouge, 100 g de germes de soja frais, 2 blancs de poulet cuits et refroidis, 1 petite boîte de mini-épis de maïs, 2 carottes, 1 c. à s. de sésame, 2 c. à s. d'huile de sésame, 1 citron, 1 c. à s. de coriandre ciselée, sel, poivre

Rincez le millet et faites-le cuire à l'eau bouillante salée, à couvert, pendant 30 minutes. Égouttez et laissez refroidir.

Pendant ce temps, épluchez et râpez les carottes. Coupez le poivron en deux, ôtez les pépins puis détaillez la chair en carrés. Rincez et séchez délicatement les germes de soja. Tranchez les blancs de poulet en fines lamelles. Égouttez les mini-épis de maïs.

Mélangez les légumes et le poulet dans un saladier. Ajoutez les graines de sésame, l'huile de sésame et le jus du citron. Poivrez légèrement puis incorporez le millet et la coriandre ciselée. Mélangez délicatement et réservez au réfrigérateur jusqu'au moment de servir.

Encore plus gourmand !

Vous pourrez également émincer les carottes en fines tagliatelles, en les épluchant avec un couteau économe.

Salade de millet multivitamines

Préparation : 5 minutes
Cuisson : 30 minutes

Pour 4 personnes :

200 g de millet, ½ mangue, ½ concombre, ½ poivron jaune, 1 citron, 2 c. à s. d'huile d'olive, 2 c. à s. de graines de sésame, 2 c. à s. de menthe ciselée, sel, poivre

Rincez le millet et faites-le cuire à l'eau bouillante salée, à couvert, pendant 30 minutes. Égouttez et laissez refroidir.

Pelez la mangue, coupez la chair en petits dés ainsi que celle du concombre et du poivron. Pressez le citron. Mettez le tout dans le saladier, salez, poivrez, ajoutez le millet, l'huile d'olive, les graines de sésame et la menthe.

Mélangez et réservez au frais jusqu'au moment de servir.

Encore plus gourmand !

Torréfiez légèrement le sésame dans une poêle antiadhésive avant de l'ajouter à la salade : il sera encore plus savoureux.

SALADE DE QUINOA DE PRINTEMPS

Préparation : 15 minutes
Sans cuisson

Pour 4 personnes :

400 g de restes de quinoa cuit et froid, 2 carottes, ½ oignon blanc, 8 olives vertes dénoyautées, 1 botte de radis, 1 c. à s. de ciboulette ciselée, 1 citron, 3 c. à s. d'huile d'olive, sel, poivre

Pelez et émincez finement l'oignon. Épluchez les carottes et coupez-les en rondelles, aussi fines que possible. Coupez les queues et les radicelles des radis, rincez-les et séchez-les, puis taillez-les en rondelles à leur tour, ainsi que les olives.

Pressez le citron dans un saladier. Fouettez avec l'huile d'olive, puis ajoutez les légumes, les olives, la ciboulette et le quinoa. Salez, poivrez.

Mélangez et réservez au frais jusqu'au moment de servir.

Encore plus gourmand !

Pour faire une salade complète à emporter en pique-nique, deux options : rajoutez une boîte de thon au naturel et quelques câpres, ou 4 œufs durs et 1 c. à c. de curry en poudre.

Salade de sarrasin au poulet

Préparation : 5 minutes
Cuisson : 20 à 35 minutes

Pour 4 personnes :

200 g de sarrasin, 2 blancs de poulet cuits et froids, 4 tomates séchées à l'huile d'olive, ½ oignon blanc, 2 courgettes, 4 c. à s. d'huile d'olive, 3 c. à s. de jus de citron, sel, poivre

Faites cuire le sarrasin selon les indications du paquet (entre 15 et 30 minutes) à l'eau bouillante salée puis égouttez et stoppez la cuisson en passant les grains sous un filet d'eau froide : ils resteront ainsi bien croquants.

Mettez dans un saladier et laissez refroidir.

Coupez les tomates en lanières, le poulet en dés et les courgettes en rondelles. Émincez l'oignon. Chauffez la moitié de l'huile dans une poêle et faites revenir les courgettes jusqu'à ce qu'elles soient dorées. Salez, poivrez.

Mélangez le tout avec le sarrasin, arrosez avec le reste d'huile et le jus de citron puis réservez au frais jusqu'au moment de servir.

Encore plus gourmand !

Si vous manquez de temps, contentez-vous de couper les courgettes en très fines tranches et de laisser reposer la salade une petite heure avant de servir. Elles s'attendriront grâce au jus de citron et s'imbiberont des parfums de la salade.

TABOULÉ VÉGÉTARIEN À L'AMARANTE

Préparation : 10 minutes
Cuisson : 20 à 30 minutes

Pour 4 personnes :

200 g de graines d'amarante, ½ concombre, 2 tomates, 1 oignon, 75 g de raisins secs, 10 radis, 10 feuilles de menthe fraîche, 2 c. à s. de persil ciselé, 2 c. à s. d'amandes effilées, 2 c. à s. d'huile d'olive, 1 citron, sel, poivre

Faites cuire l'amarante à l'eau bouillante salée 20 à 30 minutes (selon les indications sur le paquet), puis égouttez. Ajoutez les raisins secs et laissez refroidir le tout dans un saladier.

Faites dorer les amandes quelques instants dans une poêle antiadhésive.

Détaillez le concombre en dés. Coupez les tomates en deux, ôtez le cœur et les pépins puis taillez la chair en dés. Pelez et émincez l'oignon. Nettoyez les radis, coupez-les en rondelles. Ciselez les feuilles de menthe. Mélangez le tout avec le quinoa, ajoutez l'huile, le jus du citron et le persil, salez, poivrez, puis parsemez d'amandes effilées dorées.

Encore plus gourmand !

Ce n'est pas la saison des radis ? Remplacez-les par 5 cœurs de palmiers coupés en rondelles.

Taboulé de quinoa au crabe

Préparation : 10 minutes
Cuisson : 10 à 15 minutes

Pour 4 personnes :

200 g de quinoa, 1 oignon, ¼ de concombre, 2 tomates, 8 olives noires dénoyautées, 1 bouquet de persil plat, 1 boîte de chair de crabe, 4 c. à s. d'huile d'olive, 1 citron, sel, poivre

Faites cuire le quinoa à l'eau bouillante salée pendant 10 à 15 minutes puis égouttez-le et laissez-le refroidir. Pendant ce temps, pelez et émincez l'oignon. Épluchez le concombre, coupez-le en dés. Détaillez les tomates en petits dés. Mélangez les légumes et les olives dans un saladier, salez, poivrez.

Rincez et séchez le bouquet de persil, ôtez les tiges et hachez finement les feuilles.

Ajoutez le quinoa aux légumes ainsi que la chair de crabe égouttée, le persil, l'huile et le jus du citron. Mélangez puis réservez au réfrigérateur jusqu'au moment de servir.

Encore plus gourmand !

Un melon sous la main ? Faites des billes dans sa chair à l'aide d'une cuillère parisienne et ajoutez-moi tout ça dans le saladier !

Wok sucré salé au quinoa

Préparation : 10 minutes
Cuisson : 10 à 15 minutes + 10 minutes

Pour 4 personnes :

200 g de quinoa, 1 poivron rouge, 1 oignon, 1 gousse d'ail, 150 g de petits pois surgelés, 1 petite boîte de morceaux d'ananas au sirop léger, 75 g de noix de cajou, 2 c. à s. de sauce soja douce, 1 c. à s. d'huile d'olive

Faites cuire le quinoa à l'eau bouillante salée 10 à 15 minutes puis égouttez.

Pendant ce temps, coupez le poivron en deux, ôtez la queue et les pépins puis détaillez la chair en bâtonnets. Égouttez l'ananas. Pelez et émincez l'oignon et l'ail. Chauffez l'huile dans une sauteuse et faites-les revenir quelques instants. Ajoutez le poivron, les petits pois et l'ananas. Versez la sauce soja et faites cuire 10 minutes sur feu doux.

Faites dorer les noix de cajou quelques instants dans une poêle antiadhésive. Ajoutez-les aux légumes ainsi que le quinoa et mélangez une dernière fois.

Encore plus gourmand !

Si vous avez de l'ananas frais, c'est encore mieux. Dans ce cas, utilisez-en un quart, coupé en petits dés. Et pour utiliser le reste du fruit, allez voir la recette du Tapioca des îles (p. 215). Si vous aimez le gingembre, faites revenir 1 c. à c. de racine fraîche et râpée, au moment où vous ferez revenir l'ail et l'oignon.

4.

Crêpes, gaufres et pancakes

Crêpes à la châtaigne

Préparation : 15 minutes
Cuisson : 15 minutes
Repos : 30 minutes

Pour 12 crêpes environ :

125 g de farine de châtaigne, 25 cl de lait de riz (ou de châtaigne), 2 œufs, 20 g de margarine végétale, 1 pincée de sel

Versez la farine dans un saladier et formez un puits au milieu. Faites fondre la margarine dans une petite casserole sur feu très doux.

Cassez les œufs et fouettez-les avec le sel, le lait et la margarine fondue. Versez dans le puits et mélangez pour obtenir une pâte fluide. Laissez reposer 30 minutes.

Huilez une crêpière antiadhésive (25 cm de diamètre) et chauffez-la. Quand elle est bien chaude, versez une petite louche de pâte et tournez la poêle pour que la pâte s'y répartisse uniformément.

Quand la surface de la crêpe commence à sécher, retournez-la et faites cuire 1 minute de l'autre côté environ. Faites glisser au fur et à mesure sur une assiette.

Encore plus gourmand !

Un délice avec des rondelles de banane ou des quartiers de poires et du chocolat fondu ! Attention à ne pas trop chauffer la poêle : la farine de châtaigne dore (et donc brûle) plus vite que la farine classique.

Crêpes à la farine d'amarante

Préparation : 15 minutes
Cuisson : 15 minutes
Repos : 30 minutes

Pour 12 crêpes environ :

125 g de farine d'amarante, 25 cl de lait de riz, 3 œufs, 1 c. à s. d'huile d'olive, 1 pincée de sel

Versez la farine dans un saladier et formez un puits au milieu. Cassez les œufs et fouettez-les avec le lait, l'huile et le sel. Versez dans le puits et mélangez pour obtenir une pâte fluide. Laissez reposer 30 minutes.

Huilez une crêpière antiadhésive (25 cm de diamètre) et chauffez-la. Quand elle est bien chaude, versez une petite louche de pâte et tournez la poêle pour que la pâte s'y répartisse uniformément.

Quand la surface commence à sécher, retournez-la et faites cuire 1 minute de l'autre côté environ. Faites glisser au fur et à mesure sur une assiette.

Encore plus gourmand !

Dégustez ces crêpes avec une garniture sucrée (miel, sirop d'érable…) ou salée (épinards, jambon blanc et crème de soja, sauce tomate et crevettes…).

Crêpes à la farine de riz

Préparation : 15 minutes
Cuisson : 15 minutes
Repos : 30 minutes

Pour 18 crêpes environ :

200 g de farine de riz, 3 œufs, 30 cl de lait de riz, 1 c. à c. d'extrait de vanille, 2 c. à s. d'huile d'olive, 1 c. à s. d'eau de fleur d'oranger, 1 pincée de sel

Versez la farine dans un saladier et formez un puits au milieu. Cassez les œufs et fouettez-les avec le lait, la vanille, l'huile d'olive, l'eau de fleur d'oranger et le sel. Versez dans le puits et mélangez pour obtenir une pâte fluide. Laissez reposer 30 minutes.

Huilez une crêpière antiadhésive (25 cm de diamètre) et chauffez-la. Quand elle est bien chaude, versez une petite louche de pâte et tournez la poêle pour que la pâte s'y répartisse uniformément.

Quand la surface commence à sécher, retournez-la et faites cuire 1 minute de l'autre côté environ. Faites glisser au fur et à mesure sur une assiette.

Encore plus gourmand !

Des crêpes moelleuses et savoureuses, à servir surtout avec des confitures (fraises, abricots, reines-claudes...). Mais elle fonctionne aussi délicieusement avec du miel et des amandes effilées, des fruits et du chocolat fondu, une boule de glace vanille et un coulis de fruits...

Crêpes aux deux farines

Préparation : 15 minutes
Cuisson : 15 minutes
Repos : 30 minutes

Pour 12 à 15 crêpes environ :

100 g de farine de riz, 50 g de farine de maïs, 3 œufs, 30 cl de lait de riz, 1 c. à c. d'extrait de vanille, 2 c. à s. d'huile d'olive, 1 pincée de sel

Mélangez les farines dans un saladier et formez un puits au milieu. Cassez les œufs et fouettez-les avec le lait, la vanille, l'huile d'olive et le sel. Versez dans le puits et mélangez pour obtenir une pâte fluide. Laissez reposer 30 minutes.

Huilez une crêpière antiadhésive (25 cm de diamètre) et chauffez-la. Quand elle est bien chaude, versez une petite louche de pâte et tournez la poêle pour que la pâte s'y répartisse uniformément.

Quand la surface commence à sécher, retournez-la et faites cuire 1 minute de l'autre côté environ. Faites glisser au fur et à mesure sur une assiette.

Encore plus gourmand !

Le top des garnitures, avec ces crêpes à la farine de maïs ? De la compote d'abricots, de la crème pâtissière (voir recette p. 178) parfumée au citron ou de la marmelade d'orange.

CRÊPES THAÏES

Préparation : 15 minutes
Cuisson : 15 minutes
Repos : 30 minutes

Pour 10 crêpes environ :

125 g de farine de riz, 2 œufs, 25 cl de lait de coco, 1 c. à s. d'huile d'olive, 1 pincée de sel

Versez la farine dans un saladier et formez un puits au milieu. Cassez les œufs et fouettez-les avec le lait de coco, l'huile et le sel. Versez dans le puits et mélangez pour obtenir une pâte fluide. Laissez reposer 30 minutes.

Huilez une crêpière antiadhésive (25 cm de diamètre) et chauffez-la. Quand elle est bien chaude, versez une petite louche de pâte et tournez la poêle pour que la pâte s'y répartisse uniformément.

Quand la surface commence à sécher, retournez-la et faites cuire 1 minute de l'autre côté environ. Faites glisser au fur et à mesure sur une assiette.

Encore plus gourmand !

Servez ces crêpes en entrée, garnies d'une farce salée : mélangez de la chair de crabe avec un peu de crème de soja et parfumez avec de la coriandre ciselée et quelques graines de sésame. Fameux !

Galettes au sarrasin

Préparation : 15 minutes
Cuisson : 15 minutes
Repos : 1 heure

Pour 12 crêpes environ :

130 g de farine de sarrasin, 2 œufs, 30 cl d'eau, 30 g de margarine végétale, ½ c. à c. de sel

Faites fondre la margarine dans une petite casserole sur feu très doux.

Versez la farine dans un saladier et délayez-la peu à peu avec l'eau sans cesser de mélanger au fouet. Ajoutez les œufs puis la margarine fondue et le sel.

Mélangez et laissez reposer 1 heure au frais.

Huilez une poêle antiadhésive à l'aide d'un papier absorbant et chauffez-la. Versez une louche de pâte et faites cuire la galette en la retournant dès que le premier côté est pris.

Faites glisser sur une assiette puis recommencez l'opération pour cuire toute les galettes de la même façon.

Encore plus gourmand !

Vous pouvez remplacer l'eau par du cidre. Servez ces galettes avec une compote de pommes, des dés de jambon et des oignons fondus, ou des épinards et du saumon fumé.

Gaufres à la farine de sarrasin

Préparation : 15 minutes
Cuisson : 15 minutes
Repos : 2 heures

Pour 12 gaufres :

125 g de farine de sarrasin, 2 c. à c. de levure sèche de boulanger, 20 cl de lait de riz, 2 œufs, 75 g de margarine végétale

Faites tiédir légèrement le lait, versez-le dans un bol et délayez la levure. Faites fondre la margarine sur feu très doux.

Versez la farine dans un grand saladier, creusez une fontaine et versez-y la levure délayée, les œufs et la margarine fondue. Mélangez en incorporant peu à peu la farine puis couvrez et laissez reposer 2 heures à température ambiante et à l'abri des courants d'air.

Chauffez le gaufrier, huilez-le à l'aide d'un papier absorbant et versez un peu de pâte. Fermez et laissez cuire 2 à 3 minutes, jusqu'à ce que les gaufres soient dorées et se décollent facilement des plaques.

Faites cuire toutes les gaufres de la même façon.

Encore plus gourmand !

Attention à ne pas trop chauffer le lait : la chaleur tue les ferments de la levure ! Pour un résultat plus léger, vous pouvez remplacer la moitié du lait par 10 cl de bière sans gluten. Servez avec de la gelée de pommes ou une compote bien épaisse. Ou bien, comme elles sont sans sucre, avec du saumon fumé.

Pancakes tout châtaigne

Préparation : 15 minutes
Cuisson : 15 minutes
Repos : 30 minutes

Pour 12 pancakes :

125 g de farine de châtaigne, 1 c. à c. de levure chimique sans gluten, 30 g de sucre, 2 œufs, 15 cl de lait de châtaigne, 20 g de margarine végétale, 1 pincée de sel

Faites fondre la margarine dans une petite casserole sur feu très doux. Versez la farine, le sucre et la levure dans un saladier et formez un puits au milieu. Cassez les œufs en séparant les blancs des jaunes. Fouettez les jaunes avec le sel, le lait et la margarine fondue. Versez dans le puits et mélangez pour obtenir une pâte fluide.

Montez les blancs en neige, incorporez-les au mélange et laissez reposer 30 minutes.

Huilez une poêle à blinis et chauffez-la. Quand elle est bien chaude, versez une petite louche de pâte et tournez la poêle pour que la pâte s'y répartisse uniformément.

Quand la surface du pancake commence à sécher, retournez-le et faites cuire 1 minute environ de l'autre côté. Faites glisser au fur et à mesure sur une assiette.

Encore plus gourmand !

Servez ces pancakes garnis d'une couche de crème de marrons et de quartiers de poires au sirop, ou bien arrosés de sirop d'érable et garnis de cerneaux de noix.

5.

Entremets, biscuits et gâteaux

→

Amarante au lait

Préparation : 2 minutes
Cuisson : 25 minutes environ

Pour 4 personnes :

100 g d'amarante, 30 cl de lait de riz, 2 c. à s. de miel, 2 c. à s. de sucre complet

Chauffez le lait dans une casserole. Quand il frémit, versez l'amarante et faites cuire 20 minutes environ, en mélangeant régulièrement.

Ajoutez le miel et le sucre, mélangez et faites cuire encore 5 minutes. Répartissez dans des ramequins et laissez tiédir.

Encore plus gourmand !

Cet entremets se sert tiède. N'hésitez pas à le parfumer selon vos goûts avec des raisins secs, des pistaches concassées, des graines de sésame, de l'extrait de vanille, de l'arôme d'amande amère, de l'eau de rose...

AMARETTI

Préparation : 5 minutes
Cuisson : 20 minutes

Pour 24 amaretti :

200 g de poudre d'amande, 3 œufs, 100 g de sucre, ½ c. à c. d'arôme d'amande amère

Préchauffez le four th. 5 (150 °C). Cassez les œufs dans un saladier et battez-les en omelette avec le sucre. Ajoutez l'arôme, la poudre d'amande et mélangez de façon à obtenir une pâte homogène.

Remplissez les alvéoles d'une plaque à petits gâteaux (financiers, mini-muffins…) en silicone et faites cuire 20 minutes environ.

Encore plus gourmand !

Extra-fondants et intenses en amande ! À l'abri sous une feuille de film étirable, ces amaretti resteront bien moelleux. Une idée : émiettez-les au fond d'une coupe de compote, ou sur un fond de tarte, pour absorber le jus des fruits.

Biscuits à la cuillère

Préparation : 15 minutes
Cuisson : 15 à 20 minutes

Pour 25 biscuits :

60 g de Maïzena, 3 œufs, 90 g de sucre glace, huile pour le papier sulfurisé

Préchauffez le four th. 5 (150 °C). Cassez les œufs en séparant les blancs des jaunes. Fouettez les jaunes avec la moitié du sucre jusqu'à ce que le mélange blanchisse. Incorporez la Maïzena. Montez les blancs en neige en incorporant le reste de sucre à mi-parcours.

Mélangez les deux préparations sans trop travailler la pâte. À l'aide d'une poche à douille (1,5 cm), formez des biscuits sur une plaque à pâtisserie recouverte de papier sulfurisé huilé.

Faites cuire 15 à 20 minutes. Saupoudrez de sucre glace à la sortie du four, puis laissez refroidir les biscuits avant de les décoller.

Encore plus gourmand !

Pour former les biscuits, déposez, à l'aide de la poche à douille, deux traits de pâte de 5 cm de long environ, côte à côte. À la cuisson, ils ne formeront plus qu'un seul biscuit, de forme allongée.

Attention au sucre glace, certains contiennent de l'amidon en guise d'antiagglomérant. Vérifiez sur l'étiquette.

BOUCHÉES CITRON-PAVOT

Préparation : 10 minutes
Cuisson : 15 minutes

OK doubler les doses

Pour 12 bouchées :

100 g de farine de riz, 1 c. à c. de levure chimique sans gluten, 1 œuf, 75 g de sucre roux, 50 g de poudre d'amande, 10 cl de lait de riz, 2 c. à c. de graines de pavot, quelques gouttes d'essence de citron (en pharmacies)

Préchauffez le four th. 7 (210 °C). Cassez l'œuf dans un saladier et battez-le avec le sucre. Ajoutez la poudre d'amande, le lait, les graines de pavot et l'essence de citron.

Incorporez la farine et la levure. Versez dans les alvéoles d'un moule à financiers ou mini-bouchées et faites cuire 15 minutes environ (en fonction de la taille des gâteaux).

Encore plus gourmand !

Le parfum citronné de ces bouchées se marie délicieusement à la saveur d'un thé Earl Grey. Essayez ! Si vous préférez de plus gros gâteaux, vous pouvez cuire la pâte dans des moules à muffins classiques. Faites alors cuire un peu plus longtemps.

Bûche de Noël

Préparation : 10 minutes
Cuisson : 5 minutes
Réfrigération : 12 heures

Pour 8 personnes :

400 g de purée de marrons (non sucrée), 300 g de chocolat noir (sans gluten), 100 g de sucre roux, 100 g de purée de noisettes

Cassez 200 g de chocolat en morceaux, faites-le fondre au bain-marie. Ôtez du feu, ajoutez la purée de noisettes en mélangeant, jusqu'à ce qu'elle soit bien incorporée.

Mettez la purée de marrons dans un saladier, ajoutez le sucre puis le chocolat fondu, et mélangez jusqu'à obtenir une pâte homogène et onctueuse.

Tapissez un moule à cake de film étirable, versez la préparation, tassez bien et faites prendre une nuit au réfrigérateur.

Le lendemain, démoulez, ôtez le film étirable et faites fondre le reste de chocolat. Nappez-en la bûche, dessinez des veines avec les dents d'une fourchette. Laissez solidifier et servez, coupé en tranches.

Encore plus gourmand !

Servez avec un coulis de fruits rouges ou une crème anglaise à la vanille, préparée avec du lait de soja ou... de châtaigne !

Cake au thé vert matcha

Préparation : 10 minutes
Cuisson : 40 minutes

Pour 1 moule à cake :

240 g de farine de riz, 1 sachet de levure chimique sans gluten, 150 g de margarine végétale, 175 g de sucre, 6 œufs, 50 g de poudre d'amande, 2 c. à c. rases de thé vert matcha en poudre, 1 c. à c. d'extrait de vanille

Préchauffez le four th. 7 (210 °C). Travaillez la margarine et le sucre à la fourchette jusqu'à ce que le mélange devienne crémeux. Ajoutez les œufs un à un puis incorporez l'extrait de vanille et la poudre d'amande. Ajoutez peu à peu la farine mélangée à la levure, puis le thé vert en poudre. Versez la pâte dans le moule. Faites cuire environ 40 minutes. Vérifiez la cuisson en piquant la lame d'un couteau au centre : elle doit ressortir sèche.

Encore plus gourmand !

Supersophistiqué ! La poudre de thé vert matcha s'achète dans les épiceries fines ou tout simplement, chez un épicier asiatique.

Cake marbré à la chicorée

Préparation : 10 minutes
Cuisson : 40 minutes

Pour 1 moule à cake :

240 g de farine de riz, 1 sachet de levure chimique sans gluten, 150 g de margarine végétale, 175 g de sucre, 6 œufs, 50 g de poudre d'amande, 1 c. à s. de chicorée soluble, 1 c. à c. d'extrait de vanille

Préchauffez le four th. 7 (210 °C). Travaillez la margarine et le sucre à la fourchette jusqu'à ce que le mélange devienne crémeux. Ajoutez les œufs un à un puis incorporez l'extrait de vanille et la poudre d'amande. Ajoutez peu à peu la farine mélangée à la levure. Divisez la pâte en deux, ajoutez la chicorée soluble dans l'un des saladiers puis versez la pâte dans le moule en alternant.

Faites cuire environ 40 minutes. Vérifiez la cuisson en piquant la lame d'un couteau au centre : elle doit ressortir sèche.

Encore plus gourmand !

Vous pouvez bien sûr remplacer la chicorée par du cacao amer en poudre (attention aux poudres chocolatées qui contiennent du gluten pour la plupart).

Cake O.V.A.

Préparation : 10 minutes
Cuisson : 45 minutes environ

Pour 1 cake :

150 g de farine de riz, 2 c. à c. de levure chimique sans gluten, 3 œufs, 100 g de sucre, 3 c. à s. d'huile d'olive, ¼ de gousse de vanille, 50 g de poudre d'amande

Préchauffez le four th. 7 (210 °C). Cassez les œufs en séparant les blancs des jaunes. Battez les jaunes avec le sucre puis ajoutez l'huile et la poudre d'amande. Fendez la gousse de vanille en deux et raclez les grains à l'aide de la lame d'un couteau. Ajoutez-les à la préparation.

Incorporez la farine et la levure, puis montez les blancs en neige ferme. Ajoutez-les délicatement à la préparation.

Versez la pâte dans un moule à cake huilé puis faites cuire 45 minutes environ. Vérifiez la cuisson en piquant la lame d'un couteau au centre : elle doit ressortir sèche.

Encore plus gourmand !

O.V.A. ? Qu'est-ce donc ? Tout simplement les initiales des héros de ce cake : l'Olive, qui apporte une saveur assez originale dans cette recette, la Vanille, pour son goût subtil, et l'Amande, pour son fondant.

Cake so British

Préparation : 10 minutes
Cuisson : 30 minutes
Repos : 30 minutes

Pour 1 cake :

160 g de farine de riz, 100 g de sucre, 100 g de margarine végétale, 2 c. à c. de levure chimique sans gluten, 50 g de raisins secs, 3 œufs, 1 c. à s. de rhum, 1 pincée de sel, huile pour le moule

Mettez les raisins et le rhum dans un petit bol et laissez gonfler 30 minutes.

Préchauffez le four th. 6 (180 °C). Faites fondre la margarine sur feu très doux dans une casserole. Cassez les œufs dans un saladier et battez-les avec le sucre et le sel jusqu'à ce que le mélange blanchisse et mousse légèrement. Incorporez la margarine fondue puis la farine mélangée avec la levure et enfin les raisins marinés et le rhum.

Versez la pâte dans un moule à cake huilé et faites cuire 30 minutes environ. Vérifiez la cuisson en piquant la lame d'un couteau au centre : elle doit ressortir sèche.

Encore plus gourmand !

Vous pouvez utiliser des raisins, pour une version toute simple, ou un mélange de fruits confits coupés en dés, pour un cake un peu plus élaboré.

CANNELÉS AUX MARRONS

Préparation : 5 minutes
Cuisson : 20 à 25 minutes

Pour 4 personnes :

400 g de crème de marrons, 2 œufs, 1 c. à s. de fécule de pomme de terre, 75 g de margarine végétale, ½ c. à c. d'extrait de vanille, huile pour les moules

Préchauffez le four th. 6 (180 °C). Mettez la crème de marrons dans un saladier. Faites fondre la margarine dans une petite casserole, au bain-marie. Ôtez du feu dès qu'elle est fondue, versez dans la crème de marrons et mélangez de façon à rendre homogène la préparation. Incorporez les œufs, l'extrait de vanille puis la fécule de pomme de terre et mélangez une dernière fois.

Répartissez la pâte dans des moules à cannelés huilés, aux deux tiers et faites cuire 20 à 25 minutes.

Les cannelés sont cuits quand la pointe d'un couteau piquée à cœur ressort sèche. Laissez refroidir dans le four, la porte entrouverte, puis démoulez.

Encore plus gourmand !

Pour des adultes, parfumez des cannelés avec 1 c. à c. de rhum. Vous pouvez aussi réaliser des mini-muffins, charmants avec le café, en utilisant des moules à mini-muffins. Dans ce cas, faites-les cuire seulement 15 minutes.

Clafoutis aux cerises

Préparation : 15 minutes
Cuisson : 35 à 40 minutes

Pour 4 personnes :

500 g de cerises, 50 cl de lait d'amande, 6 œufs, 75 g de Maïzena, 150 g de sucre, 3 c. à s. de crème de soja, 1 c. à c. d'arôme d'amande amère, huile pour le plat

Préchauffez le four th. 7 (210 °C). Rincez et séchez soigneusement les cerises (avec ou sans noyau, selon vos habitudes) puis étalez-les dans un plat à gratin huilé.

Versez la Maïzena dans un saladier, délayez avec suffisamment de lait de façon à obtenir une préparation épaisse mais lisse puis ajoutez les œufs un à un, la crème de soja, le sucre et l'arôme d'amande amère.

Incorporez peu à peu le reste de lait, ajoutez les cerises puis versez dans un plat à gratin huilé. Faites cuire 35 à 40 minutes environ.

Encore plus gourmand !

Plusieurs écoles s'affrontent : ceux qui laissent les noyaux et ceux qui dénoyautent, et ceux qui aiment le clafoutis servi juste tiède, face à ceux qui préfèrent attendre qu'il soit bien frais et plus compact. À vous de choisir ! Sinon, vous pourrez aussi préparer ce clafoutis avec 5 pommes pelées et coupées en très fines tranches. Dans ce cas, remplacez l'arôme d'amande par de l'extrait de vanille.

CLAFOUTIS D'AUTOMNE

Préparation : 10 minutes
Cuisson : 40 minutes

Pour 4 personnes :

4 poires bien parfumées, 100 g de farine de riz, 50 g de farine de châtaigne, 100 g de sucre, 50 cl de lait de châtaigne, 3 œufs, 4 c. à s. bombées de crème de marrons, ½ c. à c. de cannelle, huile pour le plat

Préchauffez le four th. 7 (210 °C). Cassez les œufs dans un saladier et battez-les en omelette avec le sucre et la crème de marrons puis incorporez les farines et la cannelle. Versez ensuite progressivement le lait.

Huilez un plat à gratin rectangulaire. Épluchez les poires, ôtez le cœur et les pépins puis recoupez-les en fines tranches. Rangez-les au fond du plat, versez la pâte par-dessus et faites cuire 40 minutes environ.

Encore plus gourmand !

Sophistiquez ce clafoutis en lui ajoutant des éclats de noix ou de noisettes ainsi que des pépites de chocolat noir (vérifiez l'absence de gluten).

Cookies à la farine de lentille verte

Préparation : 5 minutes
Cuisson : 8 à 10 minutes

Pour une vingtaine de cookies :

125 g de farine de lentille verte, 2 c. à c. de levure chimique sans gluten, 75 g de sucre roux, 75 g de margarine végétale, ½ c. à c. d'extrait de vanille, 1 œuf, 30 g de miel liquide ou de sirop d'érable, 1 pincée de sel

Préchauffez le four th. 6 (180 °C). Travaillez la margarine avec le sucre à l'aide d'une fourchette. Ajoutez l'œuf et le miel, puis la farine mélangée à la levure, l'extrait de vanille et enfin le sel.

Déposez de petits tas de pâte sur une plaque à pâtisserie recouverte de papier sulfurisé et faites cuire 8 à 10 minutes. Laissez tiédir avant de décoller à la spatule et de laisser refroidir sur une grille.

Encore plus gourmand !

Si l'odeur d'herbe séchée de la pâte avant cuisson vous donne envie de tout jeter, n'en faites rien ! Cette odeur disparaît à la cuisson, le résultat est étonnamment savoureux et un public non averti vous dira « Oh, mais ce sont des cookies au thé vert ? » Deux options ensuite pour personnaliser ces cookies : des grains de sésame (délicieux) ou de simples pépites de chocolat noir.

COOKIES AUX FLOCONS DE QUINOA

Préparation : 10 minutes
Cuisson : 10 minutes environ

Pour 18 cookies :

120 g de farine de riz, 1 c. à c. de levure chimique sans gluten, 30 g de flocons de quinoa, 75 g de margarine végétale, 1 œuf, 75 g de sucre roux, 100 g de chocolat noir (sans gluten), ½ c. à c. d'extrait de vanille

Cassez le chocolat noir en petits dés. Préchauffez le four th. 6 (180 °C). Travaillez la margarine et le sucre à l'aide d'une fourchette jusqu'à ce que le mélange soit crémeux, puis ajoutez l'œuf et l'extrait de vanille. Mélangez bien.

Ajoutez la farine mélangée avec la levure, les flocons de quinoa puis le chocolat.

Déposez de petits tas de pâte sur une plaque à pâtisserie recouverte de papier sulfurisé et faites cuire 10 minutes environ.

Décollez avec une spatule et faites refroidir sur une grille.

★ Encore plus gourmand !

Attention au chocolat, la plupart des chocolats de grandes surfaces stipulent qu'ils sont fabriqués dans des usines utilisant aussi du blé, des fruits à coque, etc. Préférez les chocolats portant le label AB (même si cela ne vous dispense pas de consulter la liste des ingrédients !) : ils en sont généralement exempts.

Cookies chocolat-châtaigne

Préparation : 15 minutes
Cuisson : 12 à 15 minutes

Pour 25 cookies :

250 g de farine de châtaigne, 1 c. à c. de levure chimique sans gluten, 125 g de margarine végétale, 100 g de sucre, 1 œuf + 1 jaune, 75 g de chocolat noir (sans gluten), 1 pincée de sel

Préchauffez le four th. 6 (180 °C). Cassez le chocolat en petits dés. Mélangez la farine, la levure le sucre et le sel dans un saladier. Ajoutez ensuite la margarine, l'œuf et le jaune puis pétrissez de façon à obtenir une pâte homogène, qui ne colle pas aux doigts. Incorporez enfin les pépites de chocolat.

Formez de petits tas de pâte sur une plaque à pâtisserie recouverte de papier sulfurisé, et aplatissez-les légèrement pour leur donner la forme de cookies.

Mettez au four et faites cuire 12 à 15 minutes environ. Les cookies sont encore souples, ils durciront en refroidissant.

Décollez à l'aide d'une spatule et faites refroidir sur une grille.

Encore plus gourmand !

Vous pouvez remplacer les pépites de chocolat par des éclats de noisettes.

Coupe cacaotée-meringuée

Préparation : 10 minutes
Cuisson : 5 à 10 minutes
Réfrigération : 2 heures

Pour 4 personnes :

100 g de meringues, 50 cl de lait de riz, 50 g de Maïzena, 75 g de sucre roux, 2 œufs, 1 c. à s. de cacao amer

Chauffez le lait et le cacao dans une casserole. Cassez les œufs dans un saladier et fouettez-les avec le sucre et la Maïzena. Quand le lait frémit, versez-le sur le mélange sans cesser de fouetter puis reversez le tout dans la casserole et faites cuire, toujours en mélangeant, jusqu'à ce que la crème épaississe. Ôtez du feu et laissez refroidir. Réservez au réfrigérateur 2 heures minimum

Au moment de servir, cassez grossièrement les meringues et répartissez-les dans 4 coupes. Versez la crème au chocolat par-dessus et servez aussitôt.

Encore plus gourmand !

Parfumez la crème au cacao avec quelques gouttes d'arôme d'amande amère. Les meringues sont exemptes de gluten (vérifiez toutefois la composition sur l'emballage, certaines peuvent contenir un peu d'amidon), donc on en profite !

CRÈME ARCHI-EXPRESS AU CHOCOLAT

Préparation : 5 minutes
Cuisson : 5 minutes
Réfrigération : 4 heures

Pour 4 pressés :

15 cl de lait de noisette, 2 c. à s. de miel crémeux, 100 g de chocolat (sans gluten), 400 g de tofu soyeux

Chauffez le lait dans une casserole avec le miel. Quand la préparation frémit, ôtez du feu et ajoutez le chocolat cassé en morceaux. Laissez fondre quelques instants puis mélangez jusqu'à ce que le mélange soit homogène.

Mettez le tofu dans le bol d'un mixeur. Ajoutez le lait au chocolat, mixez 1 minute environ jusqu'à ce que la préparation soit bien lisse et versez dans des ramequins. Laissez refroidir et faites prendre 4 heures au frais minimum.

Encore plus gourmand !

À customiser selon vos goûts : ¼ de c. à c. de cannelle ou de muscade, des zestes d'orange ébouillantés et finement râpés, des éclats de noisettes grillées, des raisins secs…

CRÈME PÂTISSIÈRE

Préparation : 5 minutes
Cuisson : 5 minutes environ

Pour 60 cl environ :

50 cl de lait (au choix), 75 g de fécule de pomme de terre, 2 œufs, 100 g de sucre, ½ gousse de vanille

Fendez la gousse de vanille en deux, raclez les grains à l'aide d'un couteau. Versez le lait dans une casserole et ajoutez la gousse et les grains de vanille. Portez à ébullition.

Fouettez les œufs dans un saladier avec le sucre, jusqu'à ce que le mélange soit bien blanc et mousseux, puis ajoutez la fécule de pomme de terre.

Quand le lait commence à frémir, ôtez la gousse de vanille puis versez-le doucement sur les œufs tout en fouettant vivement. Reversez le tout dans la casserole et faites cuire sur feu doux en continuant à remuer à l'aide du fouet, jusqu'à ce que la crème épaississe.

Ôtez du feu et laissez refroidir.

★ Encore plus gourmand !

Cette crème de base s'utilise pour fourrer des crêpes, des génoises, accompagner des petits biscuits secs… Selon l'envie du moment, parfumez-la avec de l'eau de rose ou de l'eau de fleur d'oranger, de l'extrait de café, de l'arôme d'amande amère, de l'essence de citron… Pour une saveur neutre, préférez le lait de riz. Sinon, c'est comme vous le souhaitez.

Crème catalane (mais moins riche)

Préparation : 10 minutes
Cuisson : 5 + 5 minutes
Réfrigération : 2 heures

pas pire…

Pour 4 personnes :

75 cl de lait de riz, 75 g de sucre, 2 œufs, 2 c. à s. rases de Maïzena, 2 bandes de zeste de citron bio, ¼ de c. à c. de cannelle, 4 c. à c. de sucre roux

Plongez les bandes de zestes dans une petite casserole d'eau bouillante pendant 30 secondes, égouttez, recommencez l'opération avec une eau propre puis égouttez à nouveau. Coupez-les en fines lanières.

Battez les œufs avec le sucre et la Maïzena jusqu'à ce que le mélange blanchisse. Versez le lait de riz dans une casserole, ajoutez les zestes et la cannelle puis portez à ébullition. Versez sur le mélange aux œufs, sans cesser de fouetter, puis reversez dans la casserole et faites épaissir sur feu doux, toujours en remuant.

Versez dans des ramequins à four (larges et plats, comme ceux à crèmes brûlées), laissez refroidir puis placez au frais 2 heures minimum.

Au moment de servir, préchauffez le four th. 8 (240 °C). Saupoudrez chaque crème avec 1 c. à c. de sucre roux et faites gratiner quelques minutes.

→

★ Encore plus gourmand !

La véritable crème catalane, c'est de l'artillerie lourde. Uniquement à base de jaunes d'œufs, archi-sucrée, nappée d'une couche de caramel craquant, souvent servie dans des caquelons XXL, on doit bien dire que c'est absolument délicieux... mais mieux vaut ne pas savoir combien de calories apporte chaque petite cuillère ! Notre version est parfaitement raisonnable, c'est garanti.

Crumble des bois

Préparation : 15 minutes
Cuisson : 25 minutes

Pour 60 cl environ :

6 pommes, 100 g de farine de châtaigne, 75 g de sucre roux, 75 g de margarine végétale, 1 pincée de sel, huile pour le plat

Préchauffez le four th. 6 (180 °C). Pelez les pommes, ôtez le cœur et coupez-les en dés. Disposez dans un plat à four huilé.

Mettez la farine, le sucre, la margarine et le sel dans un saladier et mélangez rapidement le tout du bout des doigts de façon à obtenir un mélange sableux.

Répartissez ces miettes sur les pommes puis mettez au four et laissez cuire 25 minutes environ.

Servez tiède.

Encore plus gourmand !

Si vous rajoutez des pépites de chocolat dans les pommes, on ne vous raconte pas ! Sinon, un mélange de fruits (pommes, pêches et abricots, ou pommes, bananes et raisins secs, ou encore, pommes, poires et figues).

GÂTEAU À LA FARINE DE QUINOA

Préparation : 10 minutes
Cuisson : 20 à 25 minutes

Pour 8 parts

125 g de farine de quinoa, ½ sachet de levure chimique sans gluten, 75 g de margarine végétale, 125 g de sucre, 2 œufs, ½ c. à c. d'extrait de vanille, 100 g de pommes séchées, huile pour le moule

Préchauffez le four th. 6 (180 °C). Faites fondre la margarine sur feu très doux dans une petite casserole. Cassez les œufs dans un saladier et battez-les avec le sucre et l'extrait de vanille. Ajoutez la farine et la levure, puis la margarine fondue. Coupez les pommes en morceaux et ajoutez-les à la pâte.

Versez dans un moule à manqué rond, préalablement huilé, et faites cuire 20 à 25 minutes. Vérifiez la cuisson en piquant la lame d'un couteau au centre : elle doit ressortir sèche.

Encore plus gourmand !

Les pommes séchées s'achètent au rayon « fruits secs », ou en vrac, au marché. Dans tous les cas, observez-les avant d'acheter : elles doivent être moelleuses.

Gâteau au maïs et aux abricots

Préparation : 10 minutes
Cuisson : 35 minutes

Pour 8 personnes :

150 g de farine de maïs, ½ sachet de levure chimique sans gluten, 100 g de sucre, 75 g de margarine végétale, 2 œufs, 20 cl de lait d'amande, ½ c. à c. d'extrait de vanille, 12 abricots, huile pour le moule

Préchauffez le four th. 6 (180 °C). Faites fondre la margarine dans une petite casserole sur feu très doux. Coupez les abricots en deux, ôtez les noyaux. Cassez les œufs en séparant les blancs des jaunes. Mélangez les jaunes avec le sucre, la margarine fondue, le lait et l'extrait de vanille.

Incorporez ensuite la farine mélangée à la levure. Montez les blancs en neige, ajoutez-les délicatement à la préparation, versez dans un moule à manqué huilé et rangez les oreillons d'abricots sur la pâte, côté bombé vers le haut.

Faites cuire 35 minutes. Vérifiez la cuisson en piquant la lame d'un couteau au centre : elle doit ressortir sèche.

Encore plus gourmand !

Pas d'abricots frais sous la main ? Des oreillons au sirop léger conviendront très bien.

Gâteau aux amandes sans farine

Préparation : 10 minutes
Cuisson : 30 à 40 minutes

Pour 12 parts :

175 g de poudre d'amande, 50 g d'amandes effilées, 150 g de sucre, 4 œufs, huile pour le moule

Préchauffez le four th. 5 (150 °C). Huilez un moule à manqué rond et répartissez-les amandes effilées au fond du moule.

Cassez les œufs en séparant les blancs des jaunes. Battez les jaunes avec le sucre puis ajoutez la poudre d'amande.

Montez les blancs en neige ferme et incorporez-les délicatement à la préparation. Versez dans le moule et faites cuire 30 à 40 minutes.

Encore plus gourmand !

Un gâteau hypermoelleux, à parfumer, selon vos goûts, d'écorces de citron ou d'orange râpées, d'arôme d'amande amère ou encore d'eau de fleur d'oranger.

Gâteau de l'écureuil

Préparation : 15 minutes
Cuisson : 30 minutes

Pour 8 parts :

300 g de farine de châtaigne, ½ sachet de levure chimique sans gluten, 100 g de margarine végétale, 175 g de sucre, 2 œufs, 10 cl de lait de noisette, 100 g de noisettes entières, huile pour le moule

Préchauffez le four th. 6 (180 °C). Huilez un moule à manqué. À l'aide d'une fourchette, travaillez la margarine et le sucre puis incorporez les œufs un à un et le lait, en mélangeant bien entre chaque ajout.

Incorporez enfin la farine et la levure, puis les noisettes.

Versez dans le moule et faites cuire 30 minutes environ. Vérifiez la cuisson en piquant la lame d'un couteau au centre : elle doit ressortir sèche.

Encore plus gourmand !

Avec des noix ou des pistaches, le résultat est tout aussi délicieux. À Noël, vous pouvez même remplacer les noisettes par des brisures de marrons glacés.

GÂTEAU POLENTA ORANGE

Préparation : 15 minutes
Cuisson : 40 minutes

Pour 12 parts :

150 g de polenta, 125 g de sucre, 125 g de poudre de noisettes, 175 g de margarine végétale, 3 œufs, ½ sachet de levure chimique sans gluten, 2 c. à s. bombées de confiture d'orange, huile pour le moule

Préchauffez le four th. 6 (180 °C). Travaillez la margarine avec le sucre à l'aide d'une fourchette. Ajoutez un œuf, mélangez, puis ajoutez les deux autres en mélangeant après chaque ajout. Incorporez la poudre de noisettes puis la polenta et la levure, et enfin la confiture d'orange.

Versez dans un moule à manqué antiadhésif huilé et faites cuire 20 minutes. Baissez alors le thermostat sur 5 (150 °C) et faites cuire encore 20 minutes.

Vérifiez la cuisson en piquant la lame d'un couteau au centre : elle doit ressortir sèche.

Laissez refroidir et démoulez sur une grille.

Encore plus gourmand !

Servez avec un coulis de chocolat chaud...

Gâteau pom'cao

Préparation : 10 minutes
Cuisson : 20 à 30 minutes

Pour 12 parts :

200 g de farine de riz, ½ sachet de levure chimique sans gluten, 2 œufs, 10 cl de lait de riz, 100 g de sucre, 4 pommes, 1 c. à s. de cacao amer, Quelques gouttes d'extrait de vanille, huile pour le moule

Préchauffez le four th. 6 (180 °C). Cassez les œufs dans un saladier, ajoutez le lait et le sucre, puis la vanille, le cacao amer et enfin la farine mélangée avec la levure.

Épluchez les pommes, coupez-les en quatre, ôtez le cœur et les pépins puis recoupez chaque quartier en fines lamelles dans le sens de la largeur. Mélangez ces lamelles à la pâte, versez dans un moule à manqué rond et huilé, puis faites cuire 20 à 30 minutes.

Vérifiez la cuisson en piquant la lame d'un couteau au centre : elle doit ressortir sèche.

★ Encore plus gourmand !

Sans matières grasses ajoutées, mais moelleux grâce au jus des pommes, ce gâteau peut aussi s'enrichir de 1 c. à c. de mélange pour pain d'épices (voir recette p. 195) ou de dés d'abricots secs.

Gâteaux de semoule de riz comme aux Antilles

Préparation : 3 minutes
Cuisson : 8 minutes

Pour 8 ramequins :

65 g de semoule de riz, 50 cl de lait de riz, 30 cl de lait de coco, 75 g de sucre, 3 c. à s. de raisins secs, 1 c. à s. de rhum (facultatif)

Versez le lait de riz et le lait de coco dans une casserole, puis le sucre et le rhum (si vous choisissez d'en utiliser) et portez à ébullition. Versez la semoule de riz en pluie, baissez le feu et faites cuire 8 minutes environ, en remuant.

Ôtez du feu, ajoutez les raisins secs, mélangez puis répartissez dans des ramequins et laissez refroidir.

Encore plus gourmand !

Servez juste tiède ou au contraire bien frais. Un coulis de chocolat chaud sera divin… Pour les enfants, remplacez le rhum par un sachet de sucre vanillé.

Glace à la vanille

Préparation : 10 minutes
Cuisson : 2 minutes
Réfrigération ou turbinage : 6 heures environ

Pour 8 à 10 boules :

40 cl de lait de soja, 2 jaunes d'œufs + 1 œuf entier, 100 g de sucre, 1 c. à c. bombée de Maïzena (5 g), ½ gousse de vanille, 15 cl de crème de soja

Fouettez les jaunes d'œufs, l'œuf entier, le sucre et la Maïzena dans un saladier. Chauffez le lait dans une casserole avec la gousse de vanille fendue en deux. Quand il frémit, ôtez la vanille, versez sur le mélange aux œufs en fouettant puis reversez dans la casserole et faites cuire 2 minutes environ, jusqu'à ce que la préparation épaississe. Ôtez du feu, raclez les grains de la gousse de vanille et remettez-les dans la casserole ainsi que la crème.

Laissez refroidir complètement puis placez au réfrigérateur 1 heure avant de turbiner. Cette opération permet à la glace de mieux prendre. Si vous n'avez pas de sorbetière, placez la crème directement dans un bac à glace au congélateur pendant 6 heures environ et mélangez régulièrement pour l'homogénéiser.

Encore plus gourmand !

Attention, les glaces maison durcissent si elles sont laissées au congélateur et deviennent très difficiles à détacher en boules. Préparez-les le midi pour le soir ou, sinon, pensez à les sortir du congélateur et à les mettre au réfrigérateur 30 minutes avant de servir.

GRATIN AMANDINE

Préparation : 10 minutes
Cuisson : 25 à 30 minutes

Pour 4 personnes :

500 g d'abricots, 50 g de poudre d'amandes, 30 g de Maïzena, 3 œufs, 100 g de sucre, 1 sachet de sucre vanillé, 30 cl de lait d'amande, 10 cl de crème d'amande, ½ c. à c. d'arôme d'amande amère, huile pour le plat

Préchauffez le four th. 6-7 (180-210 °C). Cassez les œufs dans un saladier et battez-les en omelette avec le sucre et le sucre vanillé. Incorporez le lait et la crème d'amande, l'arôme, puis la poudre d'amandes et la Maïzena.

Huilez un plat à gratin. Coupez les abricots en deux, ôtez les noyaux puis rangez-les dans le plat, la peau vers le haut. Nappez de pâte à l'amande puis faites cuire 25 à 30 minutes.

Encore plus gourmand !

Servez tiède, parsemé d'amandes effilées rapidement dorées à la poêle. Vous pourrez aussi remplacer les abricots par des poires ou des cerises.

Madeleines de Mamie

Préparation : 15 minutes
Cuisson : 10 à 15 minutes

Pour 12 madeleines :

150 g de farine de riz, 2 œufs, 100 g de margarine végétale, 125 g de sucre, 1 c. à c. de levure chimique sans gluten, 1 citron bio

Faites fondre la margarine sur feu doux. Réservez. Prélevez deux bandes de zeste sur le citron. Plongez-les dans une petite casserole d'eau bouillante pendant 30 secondes, égouttez, recommencez l'opération avec une eau propre puis égouttez à nouveau. Coupez les zestes en fines lanières.

Battez les œufs avec le sucre jusqu'à ce que le mélange blanchisse puis ajoutez la margarine fondue. Incorporez alors la farine mélangée à la levure, le jus d'un demi-citron et les zestes râpés.

Laissez reposer 1 heure au réfrigérateur.

Préchauffez le four th. 8 (240 °C). Versez la pâte dans les moules à madeleines, faites cuire 5 minutes puis baissez la température du four sur th. 6 (180 °C°) et laissez cuire encore 5 à 10 minutes en fonction de la taille des moules.

★ Encore plus gourmand !

La petite touche qui épate ? Utiliser des zestes de citron confit.

MINI-MADELEINES À L'AMARANTE

Préparation : 10 minutes
Réfrigération : 2 heures
Cuisson : 10 minutes environ

Pour 30 mini-madeleines :

75 g de farine d'amarante, 50 g de Maïzena, ½ sachet de levure chimique sans gluten, 60 g de margarine végétale, 100 g de sucre, 2 œufs, 50 g de miel, ½ c. à c. d'extrait de vanille

Faites fondre la margarine dans une petite casserole, sur feu très doux. Dès qu'elle est fondue, ôtez du feu et laissez tiédir.

Cassez les œufs dans un saladier, battez-les en omelette avec le sucre, puis ajoutez la farine d'amarante, la Maïzena et la levure. Quand la préparation est homogène, ajoutez le miel, l'extrait de vanille et la margarine fondue. Réservez 2 heures au réfrigérateur.

Préchauffez le four th. 7 (210 °C). Répartissez la pâte dans des moules à mini-madeleines, aux deux tiers. Faites cuire 5 minutes, puis baissez le thermostat sur 6-7 (190 °C) et faites cuire 5 minutes encore. Laissez tiédir puis démoulez.

★ Encore plus gourmand !

En parfumant ces madeleines de cacao amer, de chicorée en poudre, en ajoutant des noisettes concassées...

Moelleux à la noix de coco

Préparation : 10 minutes
Cuisson : 20 à 30 minutes

Pour 8 parts :

200 g de farine de riz, 200 g de sucre de roux, 4 œufs, 1 sachet de levure chimique sans gluten, 20 cl de lait de coco, 100 g de noix de coco râpée, huile pour le moule

Préchauffez le four th. 6 (180 °C). Huilez un moule rond à manqué.

Cassez les œufs dans un saladier. Battez-les en omelette avec le sucre puis versez le lait de coco. Ajoutez la farine et la levure, puis la noix de coco râpée.

Versez la pâte dans le moule et faites cuire 20 à 30 minutes. Vérifiez la cuisson en piquant la lame d'un couteau au centre : elle doit ressortir sèche.

Encore plus gourmand !

Ce gâteau extra-parfumé devient un véritable péché si on ajoute à sa pâte des dés de chocolat noir. Ni beurre ni huile dans sa recette : le lait et la noix de coco se chargent d'apporter le moelleux et une texture très fondante. Si vous aimez les gâteaux plus levés, vous pouvez battre les blancs en neige.

Petits flans au tapioca

Préparation : 5 minutes
Cuisson : 15 à 20 minutes
Réfrigération : 2 heures

Pour 4 personnes :

2 g d'agar-agar en poudre, 50 cl de lait de riz, 40 g de tapioca, 2 c. à s. de miel, 1 gousse d'huile essentielle d'orange

Portez à ébullition 40 cl de lait. Versez le tapioca en pluie et faire cuire sur feu doux pendant 15 minutes en mélangeant régulièrement.

Mélangez le miel et l'huile essentielle dans une petite casserole, délayez avec le lait restant et ajoutez l'agar-agar. Portez à ébullition, faites cuire 1 minute sans cesser de remuer puis ôtez du feu.

Incorporez au tapioca puis versez dans des ramequins et laissez refroidir. Faites prendre 2 heures minimum au réfrigérateur. Démoulez sur des assiettes.

Encore plus gourmand !

Pas d'huile essentielle ? Vous pouvez évidemment utiliser de l'extrait de vanille ou de l'arôme d'amande amère. Sinon, ajoutez du zeste d'orange finement ciselé et préalablement ébouillanté.

Pain d'épices

Préparation : 10 minutes
Cuisson : 1 heure à 1 h 15

Pour 1 pain :

250 g de farine de riz, 250 g de miel, 12 cl de lait de riz, 25 g de sucre roux, 2 à 3 c. à c. de mélange d'épices « spécial pain d'épices », 1 c. à c. de bicarbonate de soude, ½ c. à c. de sel fin, huile pour le moule

Préchauffez le four th. 5 (150 °C). Huilez un moule à cake.

Dans un saladier, mélangez la farine, le sucre, les épices, le bicarbonate et le sel.

Chauffez le lait dans une casserole. Quand il frémit, ôtez du feu et ajoutez le miel tout en mélangeant pour le faire fondre. Incorporez peu à peu le tout dans la farine en remuant avec une cuillère.

Versez dans le moule, lissez la surface et faites cuire 1 heure à 1 h 15 environ, en couvrant le pain d'épices d'une feuille de papier-alu si la surface noircit. La pointe d'un couteau piquée à cœur doit ressortir sèche. Laissez refroidir puis démoulez sur une grille.

→

✯ Encore plus gourmand !

Le pain d'épices se conserve sans problème 1 à 2 semaines, enveloppé dans du film étirable. Vous pourrez ajouter des dés de gingembre confit, d'écorces d'orange confites ou d'abricots secs, des pistaches non salées émondées, des raisins secs, des pépites de chocolat… Pour le mix d'épices, vous pouvez l'acheter déjà prêt en épiceries fines ou le faire maison. La recette : broyez finement ½ c. à c. de graines d'anis, les graines de 2 cosses de cardamome, 2 grains de genièvre, 2 clous de girofle et 5 graines de coriandre. Ajoutez 3 c. à c. de cannelle, 1 c. à c. de gingembre en poudre, 2 pincées de quatre-épices et ½ c. à c. de muscade en poudre. Mélangez et conservez dans un pot hermétique.

Porridge d'amarante au chocolat

Préparation : 5 + 10 minutes
Cuisson : 30 minutes

Pour 4 personnes :

100 g d'amarante, 75 g de chocolat noir (sans gluten), 4 c. à s. de miel crémeux, 30 cl de lait de riz

Portez le lait à ébullition, versez l'amarante, baissez le feu et faites cuire 30 minutes environ, en remuant de temps en temps.

Ôtez du feu, ajoutez le miel et le chocolat cassé en morceaux. Mélangez le temps de faire fondre le chocolat, puis couvrez et laissez gonfler encore 10 minutes.

Répartissez dans des ramequins.

Encore plus gourmand !

Servez ce porridge tiède, saupoudré de cacao amer. Sinon, bien frais, pourquoi pas avec un coulis d'abricots.

Ramequins au millet

Préparation : 5 minutes
Cuisson : 30 + 20 minutes
Repos : 30 minutes

Pour 4 personnes :

100 g de millet, 60 cl de lait de riz, 75 g de sucre roux, 2 œufs 50 g de raisins secs, 2 c. à s. de rhum, huile pour les ramequins

Mélangez les raisins secs et le rhum dans un petit bol. Laissez gonfler 30 minutes.

Préchauffez le four th. 6 (180 °C). Portez le lait à ébullition. Versez le millet en pluie, le sucre, puis baissez le feu et faites cuire 30 minutes environ sur feu doux, en remuant régulièrement.

Hors du feu, ajoutez les œufs battus puis les raisins secs et le rhum. Mélangez, versez dans des ramequins huilés et faites cuire 20 minutes environ. Laissez refroidir puis réservez au frais jusqu'au moment de servir.

Encore plus gourmand !

Pour les enfants, remplacez le rhum par de l'eau de fleur d'oranger.

Riz au lait (d'amande)

Préparation : 5 minutes
Cuisson : 30 minutes

Pour 4 personnes :

130 g de riz rond, 65 cl de lait d'amande, 75 g de sucre roux, 1 c. à c. d'arôme d'amande amère

Faites « crever » le riz en le plongeant 4 minutes dans une casserole d'eau bouillante (non salée). Égouttez puis remettez-le dans la casserole avec le lait. Faites cuire 20 minutes sur feu doux en remuant régulièrement, ajoutez le sucre, l'arôme d'amande amère et faites cuire encore 5 minutes. Le riz doit avoir absorbé le lait et être onctueux.

Versez dans des ramequins et laissez refroidir puis réservez au réfrigérateur jusqu'au moment de servir.

Encore plus gourmand !

Au moment de servir, parsemez d'amandes effilées grillées. Un dessert qui ravira les fans d'amandes !

Roses des sables

Préparation : 5 minutes
Cuisson : 5 minutes

Pour 30 bouchées :

200 g de chocolat noir (sans gluten), 50 g de margarine végétale, 125 g de pétales de maïs (type corn flakes), 50 g d'écorces d'orange confites

Coupez l'écorce d'orange en petits dés. Cassez le chocolat en petits carrés et faites-le fondre sur feu très doux avec la margarine. Mélangez pour bien homogénéiser. Mettez les pétales de maïs dans un saladier, versez le chocolat par-dessus, ajoutez les écorces d'orange et mélangez délicatement.

Versez dans des mini-caissettes en papier et laissez refroidir.

Encore plus gourmand !

Vérifiez bien l'absence de gluten sur l'étiquette des pétales de maïs. Variez les plaisirs en remplaçant les dés d'écorces d'orange confites par des dés d'abricots secs.

Sablés au sarrasin

Préparation : 10 minutes
Cuisson : 15 minutes

Pour 25 sablés :

150 g de farine de sarrasin, 100 g de Maïzena, ½ sachet de levure chimique sans gluten, 125 g de margarine végétale, 100 g de sucre, 1 œuf

Préchauffez le four th. 6-7 (180-210 °C). Tamisez la farine, la Maïzena et la levure dans un saladier. Ajoutez le sucre et la margarine et frottez entre vos doigts pour obtenir une pâte sableuse.

Ajoutez l'œuf et pétrissez rapidement pour obtenir une pâte lisse et homogène.

Étalez la pâte sur 5 mm d'épaisseur, découpez des petits cercles à l'aide d'un emporte-pièce, déposez-les sur une feuille de papier sulfurisé et faites cuire 15 minutes environ. Les biscuits doivent légèrement dorer.

Encore plus gourmand !

Nappez ces sablés d'une couche de chocolat noir (ou trempez-les à moitié dans du chocolat noir fondu puis laissez figer sur une feuille de papier sulfurisé). Nature, ils accompagneront une compote de pommes.

SABLÉS FONDANTS MAÏS AMANDES ORANGE

Préparation : 10 minutes
Réfrigération : 1 heure
Cuisson : 10 à 15 minutes

Pour 25 biscuits :

125 g de farine de maïs, 125 g de margarine végétale, 100 g de sucre, 1 œuf, 35 g de poudre d'amande, 1 c. à c. de levure chimique sans gluten, 50 g d'écorce d'orange confite

Coupez l'écorce d'orange en dés. Travaillez la margarine et le sucre dans un saladier à l'aide d'une fourchette. Incorporez l'œuf. Ajoutez ensuite la poudre d'amande, la farine et la levure, puis les dés d'écorce d'orange.

Couvrez le saladier avec du film étirable et réservez au réfrigérateur pendant 1 heure.

Préchauffez le four th. 6 (180 °C). Formez des petits tas de pâte en les espaçant (les sablés s'étalent à la cuisson) sur une plaque à pâtisserie recouverte de papier sulfurisé et faites cuire 10 à 15 minutes. Laissez tiédir puis décollez à l'aide d'une spatule.

Encore plus gourmand !

Parfumez les sablés avec 1 c. à c. d'essence de citron, et remplacez l'écorce d'orange par des dés d'abricots secs. Attention, les sablés s'étalent vraiment beaucoup à la cuisson. N'hésitez pas à les séparer franchement, et même à les faire cuire en deux fois. À la sortie du four, ne soyez pas surpris s'ils sont très mous : ils durciront en refroidissant.

Salade de fraises au quinoa

Préparation : 5 minutes
Cuisson : 2 minutes

Pour 4 personnes :

300 g de quinoa cuit et refroidi, 300 g de fraises, 10 cl de jus d'orange, 4 c. à s. de sirop d'érable, ½ c. à c. de cannelle, 4 c. à s. d'amandes effilées

Nettoyez les fraises, ôtez le pédoncule et coupez-les en deux ou en quatre. Arrosez le quinoa de jus d'orange et de sirop d'érable, ajoutez la cannelle et les fraises puis mélangez dans un saladier. Réservez au frais.

Faites dorer les amandes effilées dans une poêle antiadhésive, 2 minutes environ.

Parsemez sur le quinoa au moment de servir.

Encore plus gourmand !

Hors saison, remplacez les fraises par deux poires coupées en dés et quelques raisins secs, ou bien 4 kiwis en rondelles, ou encore 1 mangue en dés.

Shortbreads à la farine de pois chiche

Préparation : 15 minutes
Cuisson : 15 à 20 minutes

Pour 40 biscuits :

200 g de farine de pois chiche, 100 g de margarine végétale, 65 g de fécule de pomme de terre, 80 g de sucre glace

Tamisez la farine de pois chiche avec la fécule et le sucre glace. Creusez une fontaine et ajoutez la margarine. Pétrissez rapidement afin d'obtenir une pâte lisse et homogène.

Préchauffez le four th. 5 (150 °C). Prélevez une portion de pâte et étalez-la pour en faire un boudin de 1 à 2 cm de diamètre. Coupez en tronçons de 5 cm de long environ et rangez au fur et à mesure sur une plaque à pâtisserie recouverte de papier sulfurisé. Recommencez jusqu'à épuisement de la pâte.

Faites cuire 15 à 20 minutes puis laissez refroidir.

Encore plus gourmand !

Un emprunt à la cuisine orientale ! La texture de ces biscuits d'origine tunisienne, nommés « ghraïbas », ressemble à celle des shortbreads anglais, mais avec le pois chiche, leur saveur n'a rien à voir ! Attention au sucre glace : vérifiez qu'il ne contient pas d'amidon.

Soufflés au chocolat

Préparation : 10 minutes
Cuisson : 10 minutes

Pour 4 personnes :

15 cl de lait de noisette, 3 œufs, 10 g de Maïzena, 150 g de chocolat noir à 70 % (sans gluten), 50 g de sucre + 25 g pour les ramequins, 1 c. à s. d'huile

Préchauffez le four th. 7-8 (210-240 °C). Huilez 4 ramequins, tapissez-les de sucre en les retournant pour vider l'excédent.

Délayez la Maïzena dans un peu de lait froid. Chauffez le reste de lait dans une casserole. Dès qu'il frémit, ajoutez le chocolat cassé en morceaux, laissez fondre quelques instants puis mélangez pour dissoudre le chocolat. Versez la Maïzena délayée et faites cuire tout en remuant au fouet jusqu'à ce que le mélange épaississe.

Cassez les œufs en séparant les blancs des jaunes. Versez le lait au chocolat sur les jaunes en fouettant vivement.

Montez les blancs en neige avec le sucre puis incorporez-les au mélange au chocolat.

Remplissez les ramequins avec la préparation puis faites cuire 10 minutes. Servez dès la sortie du four, avant que les soufflés ne retombent.

Encore plus gourmand !

Un dessert délicieux et « passe-partout », facile à servir à des invités peu habitués à la gamme des saveurs « sans gluten ».

TABOULÉ SUCRÉ AU MILLET

Préparation : 10 minutes
Cuisson : 35 minutes

Pour 4 personnes :

100 g de millet, 1 orange, 5 dattes, 2 c. à s. de miel, 10 cl de jus d'orange, ½ c. à s. de cannelle

Pelez l'orange à vif, détachez les segments de leurs membranes blanches et coupez-les en morceaux. Dénoyautez les dattes, coupez-les en rondelles.

Mettez le millet dans une casserole et chauffez quelques minutes sur feu doux, jusqu'à ce qu'il commence à dorer et à dégager une odeur légèrement grillée. Remuez sans arrêt : le millet ne doit surtout pas noircir.

Ôtez du feu, laissez refroidir quelques minutes puis ajoutez le jus d'orange, le miel, 30 cl d'eau et la cannelle. Portez à ébullition, baissez le feu et faites cuire 30 minutes : tout le liquide doit être absorbé.

Mettez dans un saladier, ajoutez les dattes et les morceaux d'orange, mélangez puis laissez refroidir et placez au réfrigérateur.

Servez très frais.

Encore plus gourmand !

Servez ce taboulé en guise de petit déjeuner. Dans ce cas, vous pouvez le servir sur du yaourt au soja.

Tarte amandine aux poires (sur pâte sablée à la farine de riz)

Préparation : 20 minutes
Cuisson : 30 minutes

Pour 1 moule de 24 cm de diamètre :

La pâte sablée :
250 g de farine de riz, 50 g de sucre, 50 g de poudre d'amande, 60 g de margarine végétale, 2 œufs, 1 pincée de sel

La garniture :
4 poires Comice, 50 g de poudre d'amande, cannelle, 50 g de sucre roux

Mélangez la farine avec le sucre, la poudre d'amande et le sel. Versez sur le plan de travail et creusez un puits. Mettez la margarine coupée en morceaux, les deux œufs et pétrissez rapidement le tout de façon à obtenir une pâte lisse et homogène. Farinez la boule obtenue, déposez-la sur une feuille de papier sulfurisé (d'une taille un peu supérieure à celle du moule) et recouvrez d'une autre feuille. Étalez au rouleau à pâtisserie, décollez délicatement la feuille de papier du dessus et installez la pâte dans le moule avec la feuille de papier inférieure. Farinez-vous les doigts et terminez de repousser la pâte afin qu'elle épouse bien le moule.

Préchauffez le four th. 7 (210 °C). Répartissez la poudre d'amande sur le fond de pâte. Coupez les poires en quatre, épluchez-les et ôtez le cœur et les pépins, puis recoupez en fines tranches. Rangez-les en rosace, saupoudrez de sucre roux et de cannelle et faites cuire 30 minutes environ.

→

★ Encore plus gourmand !

D'autres idées pour cette pâte sablée aux amandes : elle s'accordera très bien à la saveur des fruits rouges (comme dans la Linzertorte) mais aussi à celle des abricots et des pêches. Elle peut également être garnie d'une ganache au chocolat.

Tarte d'automne aux mirabelles (sur pâte sucrée aux trois farines)

Préparation : 20 minutes
Cuisson : 40 minutes

Pour un moule de 24 cm de diamètre :

La pâte sablée :
150 g de farine de riz, 50 g de farine de pois chiche, 50 g de farine de châtaigne, 1 c. à s. de sucre roux, ½ c. à c. de cannelle en poudre, 100 g de margarine végétale, 1 pincée de sel

La garniture :
500 g de mirabelles (fraîches ou surgelées), 3 c. à s. de tapioca, 1 c. à s. de sucre roux

Si elles sont surgelées, faites décongeler les mirabelles au réfrigérateur (3 heures environ). Mélangez les trois farines avec le sucre, la cannelle et le sel. Versez sur le plan de travail et creusez un puits. Mettez la margarine coupée en morceaux et pétrissez rapidement le tout de façon à obtenir une pâte lisse et homogène. Ajoutez un peu d'eau froide si besoin et formez une boule. Farinez-la, déposez-la sur une feuille de papier sulfurisé (d'une taille un peu supérieure à celle du moule) et recouvrez d'une autre feuille. Étalez au rouleau à pâtisserie, décollez délicatement la feuille de papier du dessus et installez la pâte dans le moule avec la feuille de papier inférieure. Farinez-vous les doigts et terminez de repousser la pâte afin qu'elle épouse bien le moule.

→

Préchauffez le four th. 6 (180 °C). Égouttez les mirabelles, ou bien coupez-les en deux et dénoyautez-les si elles sont fraîches. Saupoudrez le tapioca sur le fond de pâte, rangez les demi-mirabelles et saupoudrez de sucre. Faites cuire 40 minutes environ.

Encore plus gourmand !

D'autres idées pour cette pâte sucrée : ses saveurs chaudes et typées mettront aussi en valeur les garnitures de pommes, de poires, de quetsches, de reines-claudes…

Tarte express au chocolat (sur pâte brisée riz et châtaigne)

Préparation : 20 minutes
Cuisson : 15 à 20 minutes

Pour un moule de 24 cm de diamètre :

La pâte sablée :
150 g de farine de riz complète, 50 g de farine de châtaigne, 100 g de margarine végétale, 1 pincée de sel

La garniture :
200 g de chocolat noir (sans gluten), 20 cl de crème de soja, 50 g de sucre roux

Préchauffez le four th. 6 (180 °C). Mélangez les deux farines et la pincée de sel. Versez sur le plan de travail et creusez un puits. Mettez la margarine coupée en morceaux et pétrissez rapidement le tout de façon à obtenir une pâte lisse et homogène. Farinez la boule obtenue, déposez-la sur une feuille de papier sulfurisé (d'une taille un peu supérieure à celle du moule) et recouvrez d'une autre feuille. Étalez au rouleau à pâtisserie, décollez délicatement la feuille de papier du dessus et installez la pâte dans le moule avec la feuille de papier inférieure. Farinez-vous les doigts et terminez de repousser la pâte afin qu'elle épouse bien le moule.

Faites cuire 15 à 20 minutes environ, la pâte doit être cuite. Laissez refroidir.

→

Faites fondre le chocolat au bain-marie avec le sucre. Quand il est fondu, ôtez du feu et ajoutez la crème de soja. Versez sur le fond de pâte, lissez la surface et laissez refroidir.

☆ Encore plus gourmand !

À la façon des mendiants, parsemez la ganache avec un mélange de raisins secs, de noix, de pistaches, d'amandes et de noisettes, avant qu'elle solidifie. Vous pouvez aussi la saupoudrer de noix de coco râpée ou la décorer de dés d'écorces confites. D'autres idées pour cette pâte brisée : elle se mariera avec toutes les garnitures sucrées.

Tarte Tatin (Sur – sous ! – pâte brisée à la farine de riz)

Préparation : 20 minutes
Cuisson : 35 à 40 minutes

Pour un moule de 24 cm de diamètre :

La pâte sablée :
200 g de farine de riz, 100 g de margarine végétale, 1 œuf, 50 g de sucre

La garniture :
6 à 8 pommes, 100 g de sucre, 1 citron

Coupez la margarine en petits dés. Mettez-la dans un saladier avec la farine et le sucre. Mélangez du bout des doigts puis ajoutez l'œuf et pétrissez rapidement pour faire une boule. Étalez la pâte pour en faire un rond correspondant à la taille du moule environ.

Épluchez les pommes, coupez-les en deux et ôtez le cœur et les pépins. Arrosez-les du jus de ½ citron.

Préchauffez le four th. 6 (180 °C). Mettez le sucre dans une casserole et humectez-le d'eau. Faites-le cuire en caramel clair, puis, hors du feu, ajoutez le jus du ½ citron restant en faisant attention aux projections.

Versez le caramel dans un moule rond puis rangez les pommes, côté bombé vers le fond. Bouchez les trous en recoupant une ou deux moitiés de pomme puis faites cuire 20 minutes environ. Quand les pommes commencent à être tendres, recouvrez avec la pâte en

→

repliant les bords vers l'intérieur. Remettez au four 15 à 20 minutes.

Servez tiède.

Encore plus gourmand !

Servez avec une boule de glace à la vanille maison (voir p. 189) ! D'autres idées pour cette pâte brisée : supprimez le sucre et l'œuf, liez-la simplement avec de l'eau et une pincée de sel, et utilisez-la pour toutes vos garnitures salées.

Tapioca des îles

Préparation : 5 minutes
Cuisson : 7 minutes

Pour 4 personnes :

40 g de tapioca, 20 cl de lait de coco, 30 cl de lait de soja, 3 c. à s. de miel, ¼ d'ananas, ½ c. à c. d'extrait de vanille

Chauffez le lait de coco et le lait de soja dans une grande casserole, ajoutez le miel et l'extrait de vanille, et faites-y cuire le tapioca 7 minutes environ, jusqu'à ce que les billes deviennent translucides.

Ôtez l'écorce et le cœur de l'ananas, coupez la chair en dés et répartissez dans 4 ramequins. Versez le tapioca par-dessus et réservez au frais jusqu'au moment de servir.

Encore plus gourmand !

Si le dessert est réservé à des adultes, vous pouvez le parfumer avec 1 c. à c. de rhum. Il existe du tapioca express qui cuit en 3 à 4 minutes. Vérifiez le temps de cuisson du vôtre sur son emballage.

US Muffins

Préparation : 15 minutes
Cuisson : 25 à 30 minutes

Pour 12 gros muffins :

175 g de farine de riz, ½ sachet de levure chimique sans gluten, 125 g de margarine végétale, 150 g de sucre, 4 œufs, 1 c. à s. bombée de cacao amer, 75 g de chocolat noir (sans gluten), huile pour les moules

Préchauffez le four th. 6 (180 °C). À l'aide d'une fourchette, travaillez la margarine avec le sucre dans un saladier. Ajoutez les œufs un par un, en remuant bien après chaque ajout, puis incorporez le cacao amer, la farine et la levure. Cassez le chocolat en petits dés et ajoutez-les au mélange.

Versez dans les alvéoles d'une plaque à muffins huilée et faites cuire 25 à 30 minutes. Les muffins sont cuits quand la lame d'un couteau piquée à cœur ressort sèche.

Laissez tiédir 5 minutes avant de démouler et de laisser refroidir sur une grille.

Encore plus gourmand !

Une variante ? Avec des éclats de noix à la place des pépites de chocolat. Vous pouvez réaliser de mini-muffins. Réduisez alors un peu le temps de cuisson (15 minutes environ).

VERRINES DE POIRES À LA CANNELLE

Préparation : 15 minutes
Cuisson : 10 minutes

Pour 4 personnes :

3 poires, 50 g de sucre, ½ c. à c. de cannelle en poudre, ½ c. à c. d'extrait de vanille liquide, 10 cl de jus de poire, 500 g de yaourt au soja, 75 g de miel, 8 biscuits à la cuillère sans gluten, 1 c. à c. de cacao amer

Pelez et épépinez les poires puis coupez-les en cubes. Chauffez le sucre dans une casserole avec 1 c. à c. d'eau, jusqu'à ce qu'il caramélise, puis ajoutez les cubes et le jus de poire, la cannelle, et faites cuire 10 minutes.

Mélangez le yaourt avec le miel et l'extrait de vanille. Coupez grossièrement les biscuits à la cuillère. Répartissez-en la moitié dans des verres, recouvrez avec du yaourt au miel, disposez des poires, rajoutez le reste de biscuits, le reste de yaourt et saupoudrez de cacao amer à travers un chinois.

Encore plus gourmand !

En faisant vous-même les biscuits à la cuillère (voir recette p. 163). Vous pouvez décliner la recette avec des abricots (supprimez la cannelle), de l'ananas, des bananes ou encore de la mangue.

Annexes

Témoignage de Claire et William, parents de Blandine, 2 ans, intolérante au gluten

« Avant de pouvoir établir l'intolérance de notre fille, nous avons vécu un véritable parcours du combattant ! Blandine a commencé à souffrir de troubles digestifs vers 8 mois, à la fin de l'allaitement. Comme les petits pots ne l'avaient jamais trop tentée – elle n'a pas un gros appétit –, elle est quasiment passée du sein aux céréales. Nous avions alors choisi de lui donner des céréales bio, en pensant que c'était mieux pour elle, et il se trouvait qu'elles étaient sans gluten. Face à ses diarrhées chroniques, nous avons donc d'abord pensé à une allergie au lait. Ce que nous n'avions pas noté, c'est que nous lui donnions aussi de temps en temps… de simples morceaux de pain. À l'époque, ce n'était pas un gros bébé, mais après le sevrage, la situation a empiré : à 1 an, elle pesait toujours 8 kg.

Lors de l'examen du neuvième mois, sa pédiatre l'a trouvée un peu maigre et « hypotonique », c'est-à-dire manquant de tonicité musculaire, et nous a conseillé d'aller voir un neuropédiatre. Nous avons pris un autre avis auprès d'un second pédiatre, qui nous a également orientés vers un neuropédiatre car il évoquait un léger retard mental. Mais les analyses se sont révélées normales et le médecin nous a rassurés quant à l'état de santé de Blandine.

À 15 mois, elle a fait une bronchiolite et nous sommes retournés chez sa pédiatre, qui l'a à nouveau trouvée un peu maigre. Elle nous a alors laissé entendre que Blandine pouvait être atteinte de la mucoviscidose. Imaginez la claque… Rebelote, série de tests, et à notre plus grand soulagement, le résultat était négatif. Elle restait toutefois pâle, fatiguée, assez renfermée… Même en termes de développement, elle était un peu en retard : elle ne s'est tenue assise que vers 13 mois, elle a marché vers 20 mois…

« Elle restait pâle, fatiguée… »

À 18 mois, comme elle souffrait toujours de diarrhées chroniques et qu'elle ne prenait pas de poids, nous avons demandé à l'hôpital qui avait fait le test de la mucoviscidose de procéder à des examens complémentaires. C'est là que, pour la première fois, la prise de sang a révélé des anticorps positifs indiquant une intolérance au gluten. Blandine a alors passé une biopsie, qui a montré des villosités atrophiées. Pourtant, les médecins n'étaient pas tout à fait sûrs du diagnostic d'intolérance au gluten, et ils nous ont orientés vers un autre hôpital pour recueillir un deuxième avis. Là, ça a été le cauchemar : nous sommes tombés sur un professeur qui nous a clairement remballés, en disant que notre fille était en parfaite santé et qu'il fallait qu'on arrête de fabuler. Que répondre à ça ? Nous sommes sortis de l'hôpital. C'était l'heure du goûter et nous nous sommes arrêtés dans une boulangerie pour acheter un pain au chocolat à Blandine. Une petite douceur pour la réconforter… Bien mal nous en a pris : le lendemain, elle s'est réveillée avec un nouvel accès de

« Les médecins n'étaient pas tout à fait sûrs. »

diarrhées qui a duré trois jours, et il a bien fallu une semaine de plus pour qu'elle s'en remette. Nous avons filé consulter à nouveau, et là, on nous a dit qu'elle pouvait être allergique au blé. Rebelote, prise de sang, tests, résultats négatifs. À devenir fous ! En parallèle, nous avions remarqué qu'elle se portait mieux sans pain, pâtes ou biscuits, et nous avions plus ou moins commencé un régime sans gluten, de façon tout à fait empirique. Notre pédiatre a confirmé cette hypothèse mais nous regrettons que le diagnostic n'ait pas été plus clairement posé. Nous nous demandons si elle n'est pas aussi allergique à un autre aliment, car son transit est toujours un peu perturbé et il lui arrive d'avoir des épisodes diarrhéiques, sans explications. Franchement, comment être rassurés et avoir des certitudes, quand les médecins sont tellement divergents ? Nous avons dû en voir une dizaine, chacun avec un avis.

Nous nous sommes aussi aperçu que c'était très contraignant au quotidien. Surtout que, au début, nous n'y connaissions rien ! Et nous avons été très mal informés. On vous laisse vraiment vous débrouiller ! Nous nous sommes donc beaucoup renseignés sur Internet car la pédiatre n'y connaissait pas grand-chose non plus, nous sommes allés consulter un diététicien pour nous faire expliquer quels étaient les produits autorisés. Aujourd'hui, manger « sans gluten » est devenu naturel. Nous savons quels produits en contiennent, lesquels privilégier. Son frère et sa sœur aînés, des jumeaux de 4 ans, ont aussi parfaitement intégré le régime de leur petite sœur. Ils ne lui ont jamais donné un quelconque biscuit, et même mieux : s'ils la voient s'approcher d'un

« Les parents sont vraiment mal informés. »

gâteau apéritif, ou s'ils vont à un goûter ensemble, ce sont eux qui tirent la sonnette d'alarme et qui expliquent aux adultes présents que Blandine n'a pas droit à tel ou tel aliment. Ils savent qu'elle a ses propres pâtes et biscottes… qu'ils n'hésitent d'ailleurs pas à lui chiper, mais ça, c'est un autre problème !

Au quotidien, l'alimentation de la famille a bien sûr été un peu modifiée : nous faisons du riz beaucoup plus souvent qu'avant, et les jours où nous mangeons des pâtes, Blandine a son propre paquet sans gluten. À table, nous lui avons trouvé des tartines au maïs ou des galettes de riz pour remplacer le pain. Il faut bien reconnaître que tous les pains « sans gluten » que nous avons goûtés ne sont franchement pas terribles. Nous avons aussi banni les plats préparés, même s'il y en avait déjà très peu à la maison, et nous cuisinons à peu près tout nous-mêmes. C'est fou de voir que la moindre sauce peut contenir de l'amidon de blé ! Mais les accidents arrivent. Un jour, pleine de bonnes intentions, sa grand-mère lui a préparé un gâteau avec une farine sans gluten… mais sans faire attention qu'elle utilisait une levure classique. Un goûter qui s'est traduit, quelques heures après, par un nouvel épisode de trois jours de diarrhées. Pour se remettre, il lui faut à chaque fois une dizaine de jours.

Pour Blandine, son régime sans gluten a été le point d'un nouveau départ. Même si elle n'est toujours pas très grosse, ses courbes de poids et de taille sont reparties à la hausse, elle est plus vive, elle a de l'appétit… Mais nous devons bien admettre que nous sommes inquiets par rapport à sa future entrée à la maternelle, aux goûters d'anniversaire chez les copains… Comment cela va-t-il se passer ? »

Des sites Internet pour acheter « sans »

Alertogluten
Le site de la première grande surface entièrement dédiée au « sans ». Située à Carpentras dans le Vaucluse, elle propose plus de 1 000 produits (de base ou préparés, frais, secs, appertisés, surgelés…) garantis sans allergènes majeurs (blé, lait, œuf, soja, arachide…).
www.alertogluten.fr

Biscuiterie Antoine
Vente en ligne de biscuits biologiques sans gluten à base de farine de sarrasin.
www.biscuits-antoine.com

Sans Gluten Sans Caséine
Pour acheter des farines, pâtes à tartiner, levures, légumineuses, aides à la panification…
www.sansglutensanscaseine.com

Quai des délices
Vente en ligne de farines inédites (dont la farine d'igname, par exemple), de céréales, de flocons…
www.quaidelices.com

Valpiform
Vente en ligne de produits sans gluten (pains, biscuits, céréales…) mais aussi sans lait, sans œuf, sans arachide…
www.valpiform.com

Allergoora
Vente en ligne de viennoiseries, céréales, pâtes à tartiner, plats préparés, sans gluten et sans allergènes.
www.allergoora.com

Gourmet sans gêne
Vente en ligne de produits sans gluten. Livraison dans 24 pays d'Europe, Dom-Tom et Afrique du Nord.
www.gourmetsansgene.com

Moulin des Moines
Une marque pas spécialement dédiée aux intolérants mais proposant de nombreux flocons, farines, céréales et produits qui feront leur bonheur, le tout avec une garantie bio.
www.moulindesmoines.com

Nature et Compagnie
Spécialisée dans la fabrication de produits sans gluten et biologiques. On aime leurs cakes salés, leurs quiches, pizzas et flammeküches, et surtout les pâtes à tarte prêtes à étaler.
www.natureetcompagnie.fr

Rizen Sans Gluten
Achat en ligne d'aliments sans gluten ou convenant au régime hypotoxique du Dr Seignalet.
www.rizen-sans-gluten.com

Maison Poetto
L'épicerie en ligne sans gluten : bières, sauces, bases de glace, pains, livres…
www.maisonpoetto.com

Parallerg
Le site de la boutique située à Lyon, 100 % sans gluten. Aliments pour bébés, sacs, barquettes et couverts pour préparer des paniers repas conformes aux PAI, livres, boissons…
www.parallerg.com

Exquidia
Un site créé par un couple, parents de deux enfants intolérants au gluten. Choix de farines sans gluten, mix pour pains, mais aussi pâtes à tartiner, barres chocolatées…
www.exquidia.com

Thiriet
Le fabricant de produits surgelés propose une sélection de plats cuisinés surgelés au sein de son catalogue : pâtes, pains, crêpes…
www.thiriet.com

Glutagene
Vente en ligne de produits sans gluten, mais aussi sans lait, sans soja, sans œuf et sans arachide.
www.glutagene.net

Sans allergène
Vente en ligne de produits sans gluten.
www.sansallergene.com

Italia Delizie
Site de vente en ligne de produits italiens, dont des pâtes de riz naturellement sans gluten.
www.italiadelizie.com

Gusto d'Italia
Site de vente en ligne de produits italiens, dont des pâtes de riz, de maïs et des gnocchis de pomme de terre, naturellement sans gluten.
www.gustoditalia.eu

Glutabye
Vente en ligne de produits artisanaux sans gluten (meringues, viennoiseries, pâtes, biscuits…).
www.glutabye.com

Allergoshop
Vente en ligne de produits sans allergènes (arachide, gluten, lactose, maïs, œuf, soja…).
www.allergoshop.com

Mon Marchand
Vente en ligne de crèmes et farines de céréales, de laits végétaux…
www.monmarchand.com

La Mandorle
Tout autour de l'amande : boissons, purées, poudres pour boissons instantanées, huiles…
www.lamandorle.com

Quelques marques qui font du « sans »

Celnat
Autre marque de référence avec une large gamme de céréales, légumineuses, graines oléagineuses, farines, flocons, müeslis, galettes de riz soufflé, sirop de riz et de maïs (sans malt)…
www.celnat.fr

Markal
Une marque de référence dans le monde du bio avec des céréales, légumineuses, flocons, oléagineux… Certaines

références bénéficient du logo. Nombreuses recettes sur le site.
www.markal.fr

Priméal
Large gamme bio de céréales, légumineuses, farines, naturellement sans gluten, ainsi que des produits bénéficiant du logo (pâtes alimentaires, farines, levain et gomme de guar, pains, préparations pour pain, biscuits et céréales de petit déjeuner).
www.primeal.fr et www.maviesansgluten.fr

Candia
Lait écrémé « à teneur réduite en lactose » : Silhouette Sôa.
www.candia.fr

Lactel
Lait écrémé et demi-écrémé « facile à digérer » : Matin Léger.
www.lactel.fr

Zéro lactose
Une marque de la coopérative laitière finlandaise Valio, qui propose des produits laitiers totalement exempts de lactose : « boisson lactée », gouda et emmental en tranches, beurre, crème fraîche, yaourts… (dans certaines grandes surfaces).
www.zerolactose.fr

Schär
Le site de la marque, truffé de conseils sur la maladie cœliaque dans son ensemble, ainsi que sur la nutrition de façon plus générale.
www.schaer.com/fr

Bjorg
Marque distribuée en grandes surfaces : galettes de riz, laits végétaux, crèmes de soja et de riz.
www.bjorg.fr

Gerblé
Marque distribuée en grandes surfaces : baguette, pâtes alimentaires, pain de mie, biscuits, mini-cakes, tartines craquantes…
www.gerble.fr

Moulin d'Amhara
Gamme de produits à base de farine de teff (farine, toasts, biscuits et biscuits apéritifs), ainsi que de pains sans gluten (à base de teff et de riz, ou bien de quinoa, de riz et de châtaignes…).
www.moulin-amhara.com

Jean Hervé
Purées d'oléagineux : amande, noisette, sésame, noix de cajou, cacahuète… Mais aussi une pâte à tartiner cacao-noisette sans lait !
www.herve-sarl.fr

Pour les petits

Babybio
Pour des petits pots sans gluten.
www.babybio.fr

Favrichon
Site du spécialiste du petit déjeuner où vous trouverez des müeslis et céréales infantiles sans gluten.
www.favrichon.com

Hipp
Gamme de produits bio pour bébé, dont des petits pots et des céréales infantiles sans gluten.
www.hipp.fr

Associations et sites de référence en France

Association française des intolérants au gluten (Afdiag)
LA référence de tous les intolérants au gluten, avec résumés scientifiques, adresses, recettes, lexique, idées de menus, informations sur les remboursements, listes de produits autorisés ou interdits, et une foule d'idées pratiques…

Afdiag
15 rue d'Hauteville
75010 Paris

www.afdiag.org

Groupe d'études et de recherches sur la maladie cœliaque (GERMC)
Le site du groupe d'études et de recherche sur la maladie cœliaque, composé de médecins, épidémiologistes, chercheurs…
www.maladiecoeliaque.com

Associations et sites de référence à l'étranger

Association européenne des sociétés cœliaques
Société regroupant de nombreuses associations cœliaques d'Europe, et traitant des dossiers devant être gérés au plan international. Coordonne les activités internationales des associations membres. Annuaire des associations d'une trentaine de pays.
www.aoecs.org

En Allemagne
Deutsche Köliakie Gesellschaft
www.dzg-online.de

En Autriche
Österreichische Arbeitsgemeinschaft Zöliakie
www.zoeliakie.or.at

En Italie
Assiciazione Italiana Celiachia
www.celiachia.it

Au Royaume-Uni
Coeliac UK
www.coeliac.org.uk

En Espagne
Federacion de Asociaciones de Celiacos de España
www.celiacos.org

En Irlande
The Coeliac Society of Ireland
www.coeliac.ie

Où manger sans gluten ?

Des Si et des Mets
Restaurant 100 % sans gluten.
63 rue Lepic
75018 Paris

www.dessietdesmets.com

Sites répertoriant des restaurants sans gluten du monde entier. Attention cependant et vérifiez avant de vous y rendre : nous y avons parfois repéré des inexactitudes.

Gluten On The Go (en anglais)
www.glutenfreeonthego.com

Gluten Free Travelsite (en anglais)
www.glutenfreetravelsite.com

Glutefrei Essen (en allemand)
www.glutenfrei-essen.com

DS Pizza Point
Chaînes de pizzerias en Italie proposant des plats sans gluten.
www.dspizzapoint.com

Laboratoires

Pour les probiotiques et complexes enzymatiques.
www.solgar.com
www.nutergia.fr
www.bionutrics-france.com
www.pileje-nutrition.fr
www.vitalplus.com

Références bibliographiques – Lactose

Lovelace H.Y., Barr S.I., Diagnosis, Symptoms, and Calcium Intakes of Individuals with Self-Reported Lactose Intolerance, J. *Am. Coll. Nutr.*, 2005, 24, 51-7.

Savaiano D., Lactose Intolerance: a Self-Fulfilling Prophecy Leading to Osteoporosis? *Nutr. Rev.*, 2003, 61 (6 Pt 1), 221-3.

Sahi T., Genetics and Epidemiology of Adult-Type Hypolactasia, *Scand. J. Gastroenterol.*, 1994, 29 (Suppl. 202), 7-20.

Arrigoni E., Marteau P., Briet F., Pochart P., Rambaud J. C., Messing B., Tolerance and Absorption of Lactose from Milk and Yogurt During Short-Bowel Syndrome in Humans, *Am. J. Clin. Nutr.*, 1994, 60, 926-9.

Sibley E., Genetic Variation and Lactose Intolerance: Detection Methods and Clinical Implications, *Am. J. Pharmacogenomics*, 2004, 4, 239-45.

Marteau P., Flourié B., Pochart P., Chastang C., Desjeux J.-F., Rambaud J.-C., Effect of the Microbial Lactase (EC 3.2.1.23) Activity in Yoghurt on the Intestinal Absorption of Lactose: an in Vivo Study in Lactase-Deficient Humans, *Br. J. Nutr.*, 1990, 64, 71-9.

Cloarec D., Gouilloud S., Bornet F., Bruley des Varannes S., Bizais Y., Galmiche J. P. – Déficit en lactase et symptômes d'intolérance au lactose dans une population adulte saine de l'Ouest de la France. *Gastroenterol. Clin. Biol.*, 1991, 15, 588-93.

Scimshaw N. S., Murray E. B., Prevalence of Lactose Maldigestion. *Am. J. Clin. Nutr.*, 1988, 48 (Suppl.), 1086-98.

Briet F., Pochart P., Marteau P., Flourié B., Arrigoni E., Rambaud J.-C., Improved Clinical Tolerance to Chronic Lactose Ingestion in Subjects with Lactose Intolerance: A Placebo Effect? *Gut,* 1997, 41, 632-5.

Suarez F. L., Savaiano D. A., Levitt M. D., A Comparison of Symptoms After the Consumption of Milk or Lactose-Hydrolyzed Milk by People with Self-Reported Severe Lactose Intolerance. *N. Engl. J. Med.,* 1995, 333, 1-4.

Suarez F. L., Savaiano D., Arbisi P., Levitt MD., Tolerance to the Daily Ingestion of Two Cups of Milk by Individuals Claiming Lactose Intolerance, *Am. J. Clin. Nutr.,* 1997, 65, 1502-6.

Vesa T. H., Korpela R. A., Sahi T., Tolerance to Small Amounts of Lactose, *Am. J. Clin. Nutr.,* 1996, 64, 197-201.

Vesa T. H., Seppo L. M., Marteau P. R., Sahi T., Korpela R., Role of Irritable Bowel Syndrome in Subjective Lactose Intolerance, *Am. J. Clin. Nutr.,* 1998, 67, 710-5.

Teuri U., Vapaatalo H., Korpela R., Fructooligosaccharides and Lactulose Cause More Symptoms in Lactose Maldigesters and Subjects with Pseudohypolactasia than in Control Lactose Digesters. *Am. J. Clin. Nutr.,* 1999, 69, 973-9.

Newcomer A. D., McGill D. B., Thomas P. J., Hofmann A. F., Tolerance to Lactose Among Lactase-Deficient American Indians, *Gastroenterology,* 1978, 74, 44-6.

Institut Français pour la Nutrition, Allergies et intolérances alimentaires, Mise au point n° 2 –2008.

Lomer M. C, Parkes G. C., Sanderson J. D., Lactose Intolerance in Clinical Practice - Myths and Realities, *Aliment Pharmacol Ther.,* 2008; 27(2):93-103.

Bhatnagar S. and Aggarwal R., Lactose Intolerance – *BMJ,* 2007; 334; 1331-1332.

Savaiano D. A, Boushey C. J, McCabe G. P., Lactose Intolerance Symptoms Assessed by eta-analysis: a grain of truth that leads to exaggeration, *J Nutr.,* 2006; 136(4):1107-13.

Marteau A., Marteau Ph., Entre intolérance au lactose et maldigestion, *Cah Nutr Diet,* 2005; 40(Suppl. 1) : S20-S23.

Cherbut C., Le lactose : entre intolérance et effets santé, *Sci Aliments,* 2006; 26(6):493-9.

Raul F., Lait et intolérance au lactose, Le lait, *Tec & Doc,* 2001:341-51.

Johansson SGO, O'B Hourihane J., Bousquet J., Bruijnzeel-Koomen C., Dreborg S., Haahtela T et al. A Revised Nomenclature for Allergy: an EAACI Position Statement from the EAACI Nomenclature Task Force, *Allergy,* 2001; 56:813-24.

Johansson SGO, Bieder T., Dahl R., Friedmann P., Lanier B., Lockey R., Motala C., Ortega Martell J., Platts-Mills T., Ring J., Thien F., Cauwenberge P, Williams H., Revised Nomenclature for Allergy for Global Use: Report of the Nomenclature Review Committee of the World Allergy Organization, October 2003. *J Allergy Clin Immunol,* 2004; 113:832-6.

Moneret-Vautrin D.-A., Kanny G., Morisset M., *Les allergies alimentaires de l'enfant et de l'adulte,* Masson Abrégés, 2006.

Moneret-Vautrin DA, Kanny G, Sergeant P, La diététique thérapeutique des allergies alimentaires, *Rev Fr Allergol.,* 1999; 39:325-338.

Host A. Frequency of Cow's Milk Allergy in Childhood. *Ann Allergy Asthma Immunol.,* 2002; 89:33-7.

Iacono G., Carroccio A., Catavaio F., Montalto G., Kazmierska I., Lorello D., Sresi M., Notarbartolo A., Gastrooesophageal Reflux and Cow's Milk Allergy in Infants: a Prospective Study. *J Allergy Clin Immunol.,* 1996; 97:822-7.

Kokkonen J., Tikkanen S., Savilahti E., Residual Intestinal Disease After Milk Allergy in Infancy. *J Pediatr Gastroenterol Nutr.,* 2001; 32:156-61.

Morisset M., Sergeant P., L'intolérance au lactose, *Alim'inter,* 2004; 9:144-8.

Moneret-Vautrin D. A., Kanny G., Update on Threshold Doses of Food Allergens: Implications for Patients and the Food Industry, *Curr Opin Allergy Clin Immunol.,* 2004; 4:215-9.

Morisset M., Moneret-Vautrin DA., Kanny G., Guénard L., Beaudouin E., Flabbee J., Hatahet R., Thresholds of Clinical Reactivity to Milk, Egg, Peanut and Sesame in Immunoglobin E-dependent Allergies: Evaluation by Double-Blind or Single-Blind Placebo-Controlled Oral Challenges, *Clin Exp Allergy.,* 2003; 33:1046-51.

Moneret-Vautrin D. A., Kanny G., Beaudouin E., Morisset M., Méthodologie des tests de provocation orale standardisés en double insu pour le diagnostic de l'allergie alimentaire, Revue de la littérature et expérience du service de médecine interne, immunologie clinique et allergologique de Nancy. *Rev Fr Allergol.,* 2000; 40:237-50.

Références bibliographiques – Gluten

Increased Prevalence and Mortality in Undiagnosed Celiac Disease, 13 April 2009, Alberto Rubio-Tapia, Robert A. Kyle, Edward L. Kaplan, Dwight R. Johnson, William

Page, Frederick Erdtmann, Tricia L. Brantner, W. Ray Kim, Tara K. Phelps, Brian D. Lahr, Alan R. Zinsmeister, L. Joseph Melton, Joseph A. Murray. Gastroenterology doi:10.1053. *J Gastro.*, 2009.03.059.

Ciclitera P. J., Strurgess R., "Clinicopathologic Mechanisms in Celiac Disease" *Curr. Opin. Gastroent.*, 1992, 8 : 262-267.

Catassi C., Fabiani E., Rätsch I. M. et al., "Celiac Disease in the General Population Should we Treat Asymptomatic Cases? ", J. *Pediatr Gastoent. Nutr.*, 1997, 24 : S 10-13.

Catassi C., Fabiani E., Rätsch I. M., Rossini M., Boridcchira F., Candela F., "Celiac disease in the year 2000, exploring the iceberg", *The Lancet,* 1993, 34 : 150-151.

Schmitz J., « Particularités de la maladie coeliaque chez l'enfant » *Gastoent. Clin. Biol.,* 1996, 20 : B 42-49.

Gumaa S. N., McNicholl B., Egan Mitchell B., Connolly K., Loftus B. G., (1997). Coeliac Disease in Galway, Ireland 1971-1990. *Ir Med J,* 90(2), 60-1.

Johnston S. D., Watson R. G., McMillan S. A., Sloan J., Love A. H., (1998). Coeliac Disease Detected by Screening is not Silent-Simply Unrecognized, *QJM,* 91(12), 853-60.

Duggan JM (2004) Coeliac Disease: the Great Imitator. *Medical Journal of Australia,* 180:524-526.

Dube C Rostom A Sy R et al (2005). The prevalence of coeliac disease in average-risk and high-risk Western European populations: a systematic review. *Gastroenterology,* 128(4 Suppl 1): S57-67.

Mearin M. L., Ivarsson A., Dickey W., (2005) Coeliac Disease: is it Time for Mass Screening? *Best Practice Research in Clinical Gastroenterology,* 19 (3): 441-52.

Giada De Palma, Inmaculada Nadal, Maria Carmen Collado and Yolanda Sanz. Effects of a Gluten-Free Diet on Gut Microbiota and Immune Function in Healthy Adult Human Subjects, *British Journal of Nutrition,* (2009), 102:1154-1160.

Brown J. P., Josse R. G., 2002 Clinical Practice Guidelines for the Diagnosis and Management of Osteoporosis in Canada, *CMAJ,* 2002; 167 (10 suppl) S1-S34.

Cranney A., Zarkadas M., Graham I. D., Switzer C., The Canadian Celiac Health Survey – the Ottawa Chapter Pilot, *BMC Gastroenterol,* 2003; 3:8.

Kemppainen T., Kröger H., Janatuinen E., Arnala I., Kosma V-M, Pikkarainen P, Julkunen R, Jurvelin J, Alhava E, Uusitupa M. Osteoporosis in Adult Patients with Celiac Disease, *Bone,* 1999; 24:249-255.

Meyer D., Stavropoulos S., Diamond B., Shane E., Green P.H.R., Osteoporosis in a North American Adult Population with Celiac Disease. *Am J Gastroenterol,* 2001; 96:112-119.

Mora S., Weber G., Barera G., Bellini A., Pasolini D., Prinster C., Bianchi C., Chiumello G., Effect of Gluten-Free Diet on Bone Mineral Content in Growing Patients with Celiac Disease, *Am J Clin Nutr,* 1993; 57:224-228.

Valdimarsson T., Toss G., Löfman O., Ström M., Three Years Follow-Up of Bone Density in Adult Coeliac Disease: Significance of Secondary Hyperparathyroidism, *Scand J Gastroenterol,* 2000; 35:273-280.

Vazquez H., Mazure R., Gonzalez D., Flores D., Pedreira S., Niveloni S., Smecuol E., Mauriño E., Bai J. C., Risk of Fractures in Celiac Disease Patients: a Cross-Sectional, Case-Control Study. *Am J Gastroenterol,* 2000; 95:183-189.

Position Statement on Oats, Revised August 20, 2007, Professional Advisory Board of Canadian Celiac Association.

Texte du règlement (CE) n° 41/2009 de la Commission du 20 janvier 2009 relatif à la composition et à l'étiquetage des denrées alimentaires convenant aux personnes souffrant d'une intolérance au gluten.

http://eur-lex.europa.eu/LexUriServ/LexUriServ.do?uri=OJ:L:2009:016:0003:01:FR:HTML

Table des matières

Du même auteur aux éditions Leduc.s

Agar-agar, la nouvelle arme antikilos

Avec Anne Dufour

Pourquoi les femmes japonaises ne grossissent-elles pas ?

Grâce à une petite algue rouge, magique : l'agar-agar ! Un gélifiant végétal naturel qui possède des propriétés extraordinaires.

L'agar-agar…

- fait perdre facilement 3 kilos,
- coupe naturellement l'appétit,
- piège mauvaises graisses, sucres et calories,
- diminue le taux de cholestérol et de triglycérides.

Avec l'agar-agar, vous pourrez préparer, en quelques minutes, des recettes délicieuses : flans, aspics, terrines, bavarois, mousses, confitures « extralight », glaces (qui ne fondent pas !). Rapides et furieusement esthétiques, elles sont in-ra-tables.

Prix : 5,90 euros
Format : 11 × 17,8 cm
Pages : 192
ISBN : 978-2-84899-168-9

Pour recevoir notre catalogue, merci de bien vouloir photocopier, recopier ou découper ce questionnaire et nous le retourner complété à :

Éditions Leduc.s
33 rue Linné
75005 Paris

Vous pouvez aussi répondre au formulaire disponible sur Internet :

www.leduc-s.com

NOM : ....

PRÉNOM : ....

ADRESSE : ....

....

CODE POSTAL : ....

VILLE : ....

PAYS : ....

ADRESSE@MAIL : ....

ÂGE : ....

PROFESSION : ....

Titre de l'ouvrage dans lequel est insérée cette page :

Mes petites recettes magiques sans gluten (et sans lactose)

Lieu d'achat : ....

Avez-vous une suggestion à nous faire ?

....

....

....

À .... LE ....

Conformément à la loi Informatique et Libertés du 6 janvier 1978, vous disposez d'un droit d'accès et de rectification aux données personnelles vous concernant.

Achevé d'imprimer en Espagne par
Litografia ROSÉS
Gavà (08850)
Dépôt légal : mars 2010